DÉCADA PERDIDA

MARCO ANTONIO VILLA

DÉCADA PERDIDA

Dez anos de PT no poder

6ª edição

EDITORA RECORD
RIO DE JANEIRO • SÃO PAULO
2014

CIP-BRASIL. CATALOGAÇÃO NA PUBLICAÇÃO
SINDICATO NACIONAL DOS EDITORES DE LIVROS, RJ

V762d   Villa, Marco Antonio, 1955
6ª ed.   Década Perdida / Marco Antonio Villa. – 6ª ed. – Rio de Janeiro: Record, 2014
    280 p.: il.

ISBN 978-85-01-10120-4

1. Partido dos Trabalhadores (Brasil) – História. 2. Brasil – Política e governo. I. Título.

13-05912   CDD: 331.880981
    CDU: 331.105.44(81)

Copyright © Marco Antonio Villa, 2013

Todos os direitos reservados. Proibida a reprodução, armazenamento ou transmissão de partes deste livro através de quaisquer meios, sem prévia autorização por escrito.
Proibida a venda desta edição em Portugal e resto da Europa.

Texto revisado segundo o novo Acordo Ortográfico da Língua Portuguesa.

Direitos exclusivos desta edição reservados pela
EDITORA RECORD LTDA.
Rua Argentina, 171 – 20921-380 – Rio de Janeiro, RJ – Tel.: 2585-2000.

Impresso no Brasil.

ISBN 978-85-01-10120-4

Seja um leitor preferencial Record.
Cadastre-se e receba informações sobre nossos lançamentos e nossas promoções.

Atendimento direto ao leitor:
mdireto@record.com.br ou (21) 2585-2002.

EDITORA AFILIADA

Sumário

Apresentação — 7
Quadro de siglas e de abreviações — 9

2003 — 11
2004 — 53
2005 — 81
2006 — 119
2007 — 143
2008 — 165
2009 — 185
2010 — 207
2011 — 223
2012 — 245

Considerações finais: a década perdida — 269
Bibliografia — 277

Apresentação

Este livro trata dos dez anos do Partido dos Trabalhadores no poder (2003-2012). Analisa, portanto, os dois mandatos do presidente Luiz Inácio Lula da Silva e os dois primeiros anos da gestão Dilma Rousseff.

Reconstruí os principais momentos de cada ano, destacando os fatos relacionados diretamente à forma petista de assaltar, tomar e aparelhar o Estado para o seu "projeto criminoso de poder", nas palavras do ministro Celso de Mello, do Supremo Tribunal Federal.

Vivemos um tempo sombrio, uma época do vale-tudo. Desapareceram os homens públicos. Foram substituídos pelos políticos profissionais. Todos querem enriquecer a qualquer preço. E rapidamente. Não importam os meios. Garantidos pela impunidade, sabem que se forem apanhados têm sempre uma banca de advogados, regiamente pagos, para livrá-los de alguma condenação.

Os escândalos de corrupção — e foram tantos — não representaram um ponto fora da curva. Eram parte do projeto de poder, no qual não se dissociou, em momento algum, o interesse público do partidário — e, algumas vezes, do simples atendimento aos interesses privados da sua liderança, como no escândalo do mensalão.

São anos marcados pela hipocrisia. Não há mais ideologia. Longe disso. A disputa política é pelo poder, que tudo pode e no qual nada é proibido. O Brasil de hoje é uma sociedade invertebrada. Amorfa, passiva, sem capacidade de reação. É uma República bufa, uma República petista.

Quadro de siglas e de abreviações

BC:	Banco Central
BMG:	Banco de Minas Gerais
BNDES:	Banco Nacional de Desenvolvimento Econômico e Social
BOVESPA:	Bolsa de Valores de São Paulo
BRICs:	Brasil, Rússia, Índia e China
CCJ:	Comissão de Constituição e Justiça
CEF:	Caixa Econômica Federal
CNT:	Confederação Nacional do Transporte
COAF:	Conselho de Controle de Atividades Financeiras
CONAB:	Companhia Nacional de Abastecimento
COPOM:	Comitê de Política Monetária
CPI:	Comissão Parlamentar de Inquérito
CPMI:	Comissão Parlamentar Mista de Inquérito
CPMF:	Contribuição Provisória sobre Movimentações Financeiras
CUT:	Central Única dos Trabalhadores
DNIT:	Departamento Nacional de Infraestrutura e de Transporte
EMBRAPA:	Empresa Brasileira de Pesquisa Agropecuária
FAB:	Força Aérea Brasileira
FMI:	Fundo Monetário Internacional

FUNASA:	Fundação Nacional de Saúde
IBOPE:	Instituto Brasileiro de Opinião Pública e Estatística
INCA:	Instituto Nacional do Câncer
INSS:	Instituto Nacional do Seguro Social
INTERPOL:	Organização Internacional de Polícia Criminal
MP:	Medida Provisória
MPF:	Ministério Público Federal
MR-8:	Movimento Revolucionário 8 de Outubro
MST:	Movimento dos Sem Terra
PCC:	Organização criminosa: Primeiro Comando da Capital
PF:	Polícia Federal
PIB:	Produto Interno Bruto
Selic:	Sistema Especial de Liquidação e de Custódia
STF:	Supremo Tribunal Federal
STJ:	Superior Tribunal de Justiça
SUS:	Sistema Único de Saúde
TCU:	Tribunal de Contas da União
UNESCO:	Organização das Nações Unidas para a Educação, a Ciência e a Cultura

2003

ERA O DIA 1º DE JANEIRO DE 2003. O presidente eleito Luiz Inácio Lula da Silva, emocionado, com voz trêmula, caminhava, no Congresso Nacional, para encerrar o discurso de posse.[1] Seria interrompido trinta vezes pelos aplausos entusiasmados da plateia formada por duas dezenas de chefes de Estado convidados à cerimônia (entre os quais, Fidel Castro e Hugo Chávez), deputados, senadores, ministros e pelas mais altas autoridades da República:

> Quando olho a minha própria vida de retirante nordestino, de menino que vendia amendoim e laranja no cais de Santos, que se tornou torneiro mecânico e líder sindical, que um dia fundou o Partido dos Trabalhadores e acreditou no que estava fazendo, que agora assume o posto de Supremo mandatário da Nação, vejo e sei, com toda a clareza e com toda a convicção, que nós podemos muito mais.

Continuou:

> Estamos começando hoje um novo capítulo na História do Brasil, não como nação submissa, abrindo mão da sua soberania, não como nação injusta, assistindo passivamente ao sofrimento dos mais pobres, mas como nação altiva, nobre, afirmando-se

---

[1] Lula recebeu, no segundo turno, 52.793.364 votos. Seu oponente, José Serra, ficou com 33.370.739 votos.

corajosamente no mundo como nação de todos, sem distinção de classe, etnia, sexo e crença.

E concluiu sem nenhuma modéstia: "Hoje é o dia do reencontro do Brasil consigo mesmo. Agradeço a Deus por chegar até onde cheguei."

No longo discurso, usou 3.926 palavras. Em nenhuma delas fez qualquer menção positiva — por mais discreta que fosse — aos governos anteriores. Nada disso. Pintou o passado recente com cores sombrias: "produziu estagnação, desemprego e fome; diante do fracasso de uma cultura do individualismo, do egoísmo, da indiferença perante o próximo, da desintegração das famílias e das comunidades."

E mais:

> Diante das ameaças à soberania nacional, da precariedade avassaladora da segurança pública, do desrespeito aos mais velhos e do desalento dos mais jovens; diante do impasse econômico, social e moral do país, a sociedade brasileira escolheu mudar e começou, ela mesma, a promover a mudança necessária. Foi para isso que o povo brasileiro me elegeu Presidente da República.

A política externa seria orientada "por uma perspectiva humanista"; faria a reforma agrária "não apenas por uma questão de justiça social, mas para que os campos do Brasil produzam mais e tragam mais alimentos para a mesa de todos nós"; e, suprema ironia, disse entusiasmado: "ser honesto é mais do que apenas não roubar. É também aplicar com eficiência e transparência, sem desperdícios, os recursos públicos".

E concluiu: "O combate à corrupção e a defesa da ética no trato da coisa pública serão objetivos centrais e permanentes do meu governo. É preciso enfrentar com determinação e derrotar a verdadeira cultura da impunidade que prevalece em certos setores da vida pública."

Encerrou o discurso com um "viva o povo brasileiro", mais adequado a um comício do que a uma solenidade de posse. Registre-se cena grotesca protagonizada pelo senador Eduardo Suplicy, que gritou três vivas (sem ser acompanhado pelos presentes): um para Lula, outro para José Alencar e o último para o Brasil.

Vê-se que não economizou no autoelogio: utilizou catorze vezes a palavra mudança, transformou seu governo, que sequer começara, em marco histórico, numa nova época; conduziria os brasileiros à Terra Prometida, pois tinha uma trajetória de vida exemplar, e livraria o Brasil de todos os males, especialmente da corrupção.

O discurso — uma mistura de ufanismo de Afonso Celso[2] com o revisionismo histórico de Josef Stálin[3] — foi muito aplaudido. Lula retirou-se do plenário com dificuldade, sendo cumprimentado efusivamente.

Uma catarse coletiva, como se a elite política presente à cerimônia tivesse realizado um ato de expiação. Até o primeiro-secretário da Câmara, o deputado Severino Cavalcanti — que, dois anos depois, estaria envolvido com o que ficaria conhecido como o "mensalinho da Câmara" — aproveitou, antes de ler o termo de posse, para inserir um "caco", algo patético, mas que, graças ao clima festivo, foi entendido com certa bonomia:

---

[2] Afonso Celso é autor do célebre *Por que me ufano do meu país*, editado pela primeira vez em 1900. O livro simbolizou durante décadas o patriotismo exacerbado e levemente xenofobista.

[3] Josef Stálin governou com mão de ferro a União Soviética de 1922 a 1953. O período, entre outras singularidades, ficou caracterizado pela manipulação do passado histórico russo e, especialmente, da revolução socialista de 1917.

Não posso deixar de dizer a Lula que temos a mesma origem. Há 46 anos fui para São Paulo também num pau de arara. Vindo da cidade de João Alfredo, sou hoje o primeiro-secretário da Câmara dos Deputados. Lula, filho da cidade de Caetés, hoje assume a Presidência da República. Vejam a coincidência: dois homens do agreste pernambucano.

Eram 16h30. Lula gastara 44 minutos para o discurso e quase metade deste tempo para simplesmente conseguir sair do plenário.

O dia começara com muito calor. Milhares de pessoas — os números variam entre 100 mil e 200 mil — estavam na Esplanada dos Ministérios.[4] E shows com vários cantores populares — de Gilberto Gil à dupla sertaneja Zezé Di Camargo e Luciano — distraíam o público.

Para Lula a cerimônia de posse iniciara às 14h, quando partiu da Granja do Torto, onde estava hospedado, com destino à Catedral de Brasília, onde se encontrou com José Alencar, vice-presidente.

De lá, dirigiram-se ao Congresso Nacional, a bordo do Rolls-Royce modelo 1953, o que deu um ar — não só a esta posse — de república bananeira, além do que o veículo voltaria a apresentar defeito mecânico, tendo de ser empurrado pelos seguranças.

Depois de ter passado uma hora no Congresso Nacional, seguiu para o Palácio do Planalto, onde era esperado por Fernando Henrique Cardoso. Recebido com um abraço efusivo (será que FHC tinha conhecimento do discurso proferido por Lula no Congresso?), encaminharam-se ao parlatório, onde o recém-eleito

---

[4] Estudo efetuado pela *Folha de S.Paulo*, em 22 de janeiro de 2003, chegou a número bem inferior: 71 mil presentes à posse.

receberia a faixa presidencial, ocasião em que protagonizaram uma cena de comédia pastelão: ao retirar a faixa e colocá-la em Lula, Fernando Henrique derrubou seus óculos, Lula agachou-se para pegá-los e então quase bateram cabeça.

Lula teria dito ao antecessor: "Aqui você tem um amigo." Ainda no campo da chanchada, os presidentes e suas esposas deram-se as mãos e levantaram os braços, sendo seguidos pelos que estavam atrás.

Neste clima esportivo, pouco depois — após mais cumprimentos das autoridades presentes — Lula conduziria Fernando Henrique até o elevador, onde se despediram mais uma vez. Estranhamente, porém, o ex-presidente não desceu a rampa do palácio, como estava previsto, e optou por uma saída de serviço.

Após ter dado posse aos ministros, foi a vez de Lula, cinquenta minutos depois, sair. Desceu a rampa, pegou novamente o Rolls-Royce e se dirigiu ao Palácio da Alvorada, em meio à aclamação popular, onde recepcionaria as delegações estrangeiras.

Toda a cerimônia — e foram pouco mais de três horas — teve um diretor, o publicitário Duda Mendonça. Dois anos depois, quando surgiu o escândalo do mensalão — Duda entre os réus —, ficou-se sabendo que parte dos gastos da festa fora paga por Marcos Valério, pivô principal do esquema, que acabaria condenado, em 2012, a mais de quarenta anos de prisão.

Naquele dia, porém, tudo foi festa, ainda desconhecida a ligação entre o PT e Marcos Valério. Mesmo assim, o ato de expiação era considerado necessário: um "operário" — que não tinha trabalhado sequer uma década no ambiente fabril, o restante dos anos passou como líder sindical e depois como político profissional — chegara à Presidência da República.

Para os ufanistas tupiniquins era como se a senzala tivesse, depois de séculos, ocupado democraticamente a casa-grande. Ninguém imaginou que se tratava de um processo muito mais complexo. Em vez da ruptura, a continuidade do que havia de mais arcaico na ordem senhorial brasileira. Quem assumia a direção da casa-grande era um novo senhor — demasiadamente mais arguto que os anteriores.

A cobertura da imprensa foi apoteótica. Reforçou a falácia de que o país vivia um momento inigualável na sua história. *O Globo* concedeu mais de uma dúzia de páginas ao evento. De acordo com Tereza Cruvinel, "o povo esteve no centro da cena como em nenhuma outra posse, carnavalizou a solenidade e lavou a alma".[5]

Mais à frente, no mesmo jornal, Lula era descrito da seguinte forma: "Ele é um chorão, para desespero dos médicos adora rabada e uma cachacinha, e já andou avisando: em vez de périplos pelo circuito Helena Rubinstein (Paris, Roma, Londres e Nova York), prefere viajar pelas entranhas do Brasil."

Ah, a ingenuidade jornalística! Só no primeiro ano de governo, Lula viajaria ao dobro de países visitados por Fernando Henrique: 28.[6]

Em outra matéria, o foco foi o encontro entre os dois presidentes:

> Com passos lentos e um largo sorri. o, Lula subiu a rampa do Palácio do Planalto pela primeira vez sem disfarçar a emoção

---
[5]Tereza Cruvinel, em 2007, seria convidada por Lula para assumir a direção da recém-criada TV Brasil, logo apelidada de *Lula News*.
[6]Ver: VISITAS internacionais do Presidente Lula e visitas ao Brasil de Chefes de Estado e de Chefes de Governo (2003-2010). Brasília: Ministério das Relações Exteriores, 2011.

de estar realizando um sonho cultivado durante treze anos. Do alto da rampa, Fernando Henrique o esperava de braços abertos. Lula mal conseguiu falar e abraçou carinhosamente o antecessor. Logo atrás, também emocionado, o chefe da Casa Civil, José Dirceu, caminhava lentamente, observando cada detalhe do momento histórico.

O clima de catarse histórica dominava. Tudo se passava como se fosse consequência inevitável à natureza de Lula ter chegado à Presidência. Havia uma espécie de atmosfera de final da história, com a vitória dos bons, simbolizados por Lula e... José Dirceu.

A *Folha de S.Paulo* usou a expressão que sintetizaria aquela cobertura jornalística: "celebração". Foi uma comunhão religiosa. Em um dos títulos do caderno especial dedicado ao evento, o jornal registraria: "Multidão rompe segurança para celebrar a posse de Lula."

A palavra mais presente foi "emoção". O líder do Partido Liberal, o deputado Valdemar Costa Neto, futuro réu do processo do mensalão, declarou que estava "comovido com a clareza" de Lula e "sobretudo com a empatia com o público". Em mais de uma dúzia de páginas, nenhuma crítica. O clima foi mesmo de celebração. *O Estado de S.Paulo* tampouco destoaria. Até o ditador Fidel Castro seria elogiado — a bem da verdade, duas vezes: a primeira quando teve comparada sua entrada em Havana, em 1959, à festa que se assistira em Brasília; a segunda, quando um entrevistado o chamou de "um homem extraordinário".

Um jovem cineasta entrevistado resumiria o clima da cobertura: "No começo não era nada, me interessava só no operário, na vida do sindicalista. Mas agora me sinto cada vez mais parte disso tudo."

A revista *Veja*, sempre contida, entraria também no clima de euforia, tão característico do Brasil. A primeira frase da reportagem "Um dia para a história" resumiu muito bem o espírito da cobertura: "A primeira semana de 2003 já está inscrita na história brasileira. É histórica a chegada ao poder do ex-operário que, durante o discurso de posse, resumiu em poucas palavras sua extraordinária biografia de retirante nordestino a presidente da República."

A formação do ministério — eram 34 ministros, cinco novas pastas criadas e uma desmembrada, a de Esportes e Turismo — foi saudada como positiva pela revista. E José Dirceu,[7] elogiado: "fez um discurso para a plateia, mas tornou-se conhecido no PT como o dirigente que enquadrou as alas radicais do partido e trouxe a bandeira vermelha para uma posição de centro-esquerda para ganhar eleições e não perdê-las."

Até o filho do novo ministro seria louvado: "alto, loiro, simpático, desimpedido, (...) que não vai ficar em Brasília, para desconsolo das pretendentes em potencial", pois o pai o aconselhara a não abandonar "a empresa de informática que montou, sob um argumento irretorquível: política é coisa incerta e, exercida com honestidade, não dá dinheiro." Dirceu, década depois, seria condenado a dez anos e dez meses de prisão, considerado chefe de quadrilha e corrupto durante o processo do mensalão.

Veja também demonstrou preocupação com os arroubos da multidão e a facilidade com que o presidente atendia os desejos da "massa": "Nas multidões podem estar desequilibrados dispostos à

---

[7]Segundo Secco, "sem a capacidade de direção e o punho forte de Dirceu nas decisões mais difíceis [...] o PT não teria chegado à vitória em 2002". O mesmo autor destaca que, de acordo com Perry Andreson, Dirceu foi "o arquiteto do moderno PT e estrategista da vitória de Lula". Ver SECCO, Lincoln. *História do PT-1978-2010*. São Paulo: Ateliê, 2011. p. 200.

prática da violência, e um presidente não pode correr riscos desse tipo em hipótese alguma." Vale ressaltar, contudo, que foi a única publicação a destacar o discurso de continuidade da gestão Lula em relação à do antecessor, especialmente no campo econômico. E advertiu que a cobrança logo viria. E veio. Um pouco tarde, mas veio.

A transformação de Lula no Dom Sebastião do século XXI contou com o empenho de toda sua equipe, principalmente dos mais próximos. Para Antônio Palocci, seu ministro da Fazenda, "era um líder obstinado, dono de um carisma inconfundível e uma sabedoria política rara". E mais: admirava "a racionalidade que convive no interior de um homem que, como se sabe, é um poço de emoções". Ricardo Kotscho, seu secretário de Imprensa, considerou que, pelo "fato de a luta de Lula ter sido tão longa, desgastante e intensa, a vitória, para ele, foi apenas uma consequência natural da sua trajetória em busca do poder — algo que haveria fatalmente de acontecer um dia".[8]

Mas nada sequer se aproximaria do que escreveu Frei Betto no jornal *O Dia*, do Rio de Janeiro, em 28 de outubro de 2002. O frade dominicano sempre se destacou pelo culto da ditadura cubana e pela defesa intransigente do militarismo da esquerda brasileira, sem esquecer suas "inovações teológicas", como a do desejo "de que todos fossem filhos, na vida pessoal e profissional, do casamento de Ernesto Che Guevara com santa Teresa — a escolher — de Ávila ou Calcutá".

---

[8]Ver, respectivamente: PALOCCI, Antônio. *Sobre formigas e cigarras*. Rio de Janeiro: Objetiva, 2007. p. 22 e 118; KOTSCHO, Ricardo. *Do golpe ao planalto*: uma vida de repórter. São Paulo: Companhia das Letras, 2006. p. 234.

O referido artigo, em forma de carta, era, segundo ele, uma homenagem ao eleito, mas dirigida à mãe de Lula, falecida em 1980. Encerrava a "carta" dizendo que Lula ensinou à nação que é possível fazer política com decência, vergonha na cara, tolerância nas relações pessoais e intransigência nos princípios:

> Obrigado, dona Lindu, por ter dado ao Brasil um presidente com capacidade de liderança, transparência ética e profundo amor ao povo, sobretudo àqueles que, como a sua família, conhecem na carne e no espírito o sofrimento e a pobreza. O Brasil merece um futuro melhor. O Brasil merece este fruto de seu ventre: Luiz Inácio Lula da Silva.[9]

Lula era o Messias, e dona Lindu, Maria! Começava o processo de santificação do recém-eleito presidente — operação que se valeria de categorias do mundo cristão, abandonando as interpretações marxistas de líder operário, revolucionário, socialista.[10]

Logo, entretanto, o governo começaria a ter contato com o mundo real. A falta de capacidade administrativa e a inexperiência produziram os primeiros escorregões.

O ministro Roberto Amaral, da Ciência e Tecnologia, pouco afeito à área, resolveu defender publicamente a construção de

---

[9]BETTO, Frei. *Calendário do poder*. Rio de Janeiro: Rocco, 2007. p. 39. Para a "citação teológica", ver p. 314.
[10]Na biografia de Lula, verdadeira hagiografia, inúmeras vezes é buscada uma associação do biografado com o Salvador e de dona Lindu com Maria. Um exemplo: "Agradecendo a Deus pela graça, Lindu pediu aos céus que seu bebê sobrevivesse. Talvez os céus tenham ouvido suas preces, talvez um anjo tenha passado naquele momento e dito 'amém'" (ver PARANÁ, Denise. *A história de Lula*: o filho do Brasil. Rio de Janeiro: Objetiva, 2009. p. 33-34).

uma bomba atômica, programa que fora abandonado desde o governo Fernando Collor, quando se destruiu, na serra do Cachimbo, no Pará, um poço que deveria ser usado no caso de uma detonação nuclear.

Mais do que uma declaração, a entrevista do ministro criou um mal-estar com os vizinhos do Brasil, levantando novamente o fantasma de uma corrida atômica na região. Embora a intenção tenha sido desmentida, o episódio revelou uma absoluta falta de coordenação do governo.

Buscando rapidamente construir um fosso que distinguisse sua gestão da anterior, Lula incentivaria a realização de devassas nos ministérios, não raro, porém, deparando-se com o fato de que, apesar da mudança de governo, um mesmo partido permanecesse no controle da pasta ou com influência sobre seus escalões inferiores.

O caso mais emblemático ocorreu no Ministério dos Transportes. Anderson Adauto, o novo ministro, anunciou que passaria pente-fino nos contratos da pasta e declarou que usaria o Exército para construir estradas. Mas não faria uma coisa nem outra.

A reavaliação dos contratos não passou da fase de intenção, pois, uma semana depois de divulgados os propósitos, Adauto seria acusado de ter realizado negócios ilícitos com o Ministério... dos Transportes. Era mais uma reedição da piada do bode cuidando da horta.

O governo não tinha um projeto para as Forças Armadas. O Ministério da Defesa acabaria ocupado por um diplomata, José Viegas, que não era especialista na área. Seguindo o populismo lulista, o Exército, especialmente, seria lembrado para qualquer função, sempre distante de suas atribuições constitucionais.

A exemplo do colega titular dos Transportes, que designara o Exército para construir estradas, também o ministro do Esporte se sentiria à vontade para propor que os quartéis fossem abertos à prática esportiva. Já o ministro José Graziano, principal responsável pelo Fome Zero, aproveitaria a oportunidade para pedir a participação das Forças Armadas no programa, e Cristovam Buarque, ministro da Educação, manifestaria o desejo de que atuassem na campanha contra o analfabetismo — tudo isso embora, no Brasil real, não tivessem recursos sequer para o rancho dos recrutas.

Nas Comunicações, Miro Teixeira anunciou que reveria todas as concessões de rádio e televisão realizadas em 2002. Mas nada revogou. Ciro Gomes, da Integração Nacional, suspendeu por trinta dias os pagamentos de seu ministério, e também insinuou que suspeitava de irregularidade. Um mês depois, entretanto, retomou-os discretamente.

Pegaria muito bem, para a imagem daquele início de governo, a suspensão da compra de uma dúzia de jatos para a FAB. Era um assunto discutido há alguns anos. Lula proclamou que os recursos (700 milhões de dólares) se destinariam ao Fome Zero. Esqueceu-se de lembrar, contudo, que os caças seriam pagos através de uma linha de crédito oferecida pelo país vendedor. Desta forma, não havia qualquer recurso disponível desta rubrica para ser aplicado no Fome Zero. Mas a decisão teria grande repercussão internacional, reforçando o mito da preocupação petista com o "social" e de extremo cuidado com o dinheiro público.

Ainda em ritmo de campanha, Lula levou vários ministros ao Nordeste. Queria ir a Guaribas, no interior do Piauí, cidade símbolo da miséria de então. Não foi possível. A infraestrutura necessária para o deslocamento impossibilitava o espetáculo, que ficaria resumido a visitas às periferias de Teresina e Recife, mas com direito a fotos do presidente carregando crianças no colo, casas de pau a pique e muita pobreza.

Lula confundia — propositalmente — compromisso com as mudanças sociais com simples presença pessoal onde os problemas se manifestavam de forma crua. Todas estas ações contariam com ampla cobertura da imprensa. Era uma sinalização de como o governo agiria. Bons de marketing na oposição, os petistas davam sinais de que manteriam o estilo no governo.

A histórica herança socialista do PT estava a todo o momento presente. Era necessário, portanto, alimentar os setores partidários imediatamente insatisfeitos com o rumo do governo recém-iniciado.

A "Carta ao povo brasileiro", de junho de 2002, considerada decisiva para a eleição de Lula, sinalizara claramente a disposição do PT em abandonar o velho discurso socialista das antigas campanhas e o compromisso de manter a estabilidade econômico-financeira. O "povo", no caso, era o grande capital estrangeiro e nacional. O principal mentor da carta, Antonio Palocci, contaria em detalhes como chegara à conclusão do documento, e fez questão de mencionar João Roberto Marinho, das Organizações Globo, como aquele que deu o sinal verde para a finalização do texto.[11]

A aliança com o grande capital, efetuada desde o início da campanha presidencial, fora fortalecida com a nomeação de ministros confiáveis aos investidores nacionais e estrangeiros. Além do quê, a direção do partido abandonara o discurso socialista — a prática, por sua vez, já não o era desde a conquista dos primeiros executivos municipais, ainda nos anos 1980.

---

[11] Ver PALOCCI, Antonio. Op. cit. Especialmente as páginas 25-37.

Entretanto, para demonstrar que ainda representava o papel de socialista — quatro anos depois, em entrevista, declararia: "nunca fui de esquerda" —, Lula compareceu ao Fórum Social Mundial, em Porto Alegre. Discursou entusiasticamente. Mas, em seguida, viajou à Suíça, onde participaria do Fórum Econômico Mundial, em Davos.

Foi recebido como estrela. E adorou. Apresentou-se como a ponte entre os dois fóruns, uma espécie personalista de terceira via, nem socialismo, nem capitalismo. Era a estreia internacional, em grande estilo, de Lula, que ganhou pontos entre os grandes investidores e os governantes das maiores potências.

Sempre pragmático, Lula teve tempo, em meio a uma agenda carregada, de se encontrar — dentro do Palácio do Planalto — com Marcos Valério, o organizador financeiro do mensalão. Foi a 14 de janeiro de 2003. Seria então apresentado ao publicitário mineiro por José Dirceu: "Presidente, este aqui é o Marcos Valério, um publicitário lá de Minas que está ajudando a gente naquele negócio das dívidas do PT."

Valério "ajudou" o PT. Uma semana depois, o banco Rural depositaria R$ 10 milhões na conta do partido. No mesmo dia, foram depositados quase R$ 100 mil na conta da empresa do segurança pessoal de Lula, Freud Godoy, dinheiro destinado a pagar as despesas de Lula com o translado de parentes e amigos para a posse.

Valério intermediou — para suas empresas de publicidade[12] e para os bancos Rural e BMG — negócios "privilegiados" com o

---

[12]Os gastos de publicidade serviram para divulgar as realizações governamentais e, de acordo com Roberto Jefferson, para o esquema de compra de apoio parlamentar. Segundo o deputado, com publicidade, "entre 2001 e 2004, os gastos da Petrobras saltaram de R$ 129,8 milhões para R$ 218,8 milhões — um aumento de 68,5%. A Caixa também inflou seus gastos com publicidade, saltando de R$ 66,3 milhões para R$ 179,9 milhões entre 2003 e 2005 — um aumento de 171,3%" (JEFFERSON, Roberto. *Nervos de aço*. Rio de Janeiro: Topbooks, 2007. p. 84).

governo. Bastaria citar, por exemplo, a concessão feita por Lula, a 17 de setembro de 2003, ao BMG, que deteve a exclusividade, por três meses, da oferta de empréstimos consignados aos funcionários públicos federais, que alcançariam, no período, a soma de R$ 3 bilhões. O faturamento do banco cresceu repentinamente: mais de 200%.[13] A próspera sociedade entre o publicitário e a alta direção petista prolongar-se-ia por mais de dois anos ainda, interrompida somente após as denúncias do deputado Roberto Jefferson, em maio de 2005.

No início de fevereiro, em chapa única, o petista João Paulo Cunha foi eleito presidente da Câmara. Os partidos entraram em acordo e aceitaram a proporcionalidade das bancadas como instrumento para formar a mesa da casa. No Senado, José Sarney elegeu-se com votos de 76 dos 79 senadores presentes à sessão. Dos catorze senadores do PT, treze compareceram e votaram em Sarney. A ausente foi a senadora Heloísa Helena.

Com dois aliados no comando das duas casas do Congresso, Lula procurava manter uma relação tranquila com o Legislativo e garantir a aprovação das reformas defendidas na campanha e, principalmente, no discurso de posse. Mantinha o "é dando que se recebe" tão tradicional da política nacional desde a redemocratização de 1985.

Ainda antes do Carnaval ficaria pronta a primeira proposta governamental de reforma: a da Previdência dos funcionários públicos. Era o início de uma batalha que se estenderia por todo ano.

---

[13]Ver CABRAL, Otávio. *Dirceu*: uma biografia. Rio de Janeiro: Record, 2013. p. 190-191. De acordo com Dirceu, houve outro encontro, na Granja do Torto, entre ele, Valério e Lula (p. 259-260). Os encontros entre Dirceu e Valério foram mais constantes, como a longa conversa em 1º de fevereiro de 2003 (p. 193).

O PT iniciava então o processo de redefinição de sua base política de apoio. Se a "Carta ao povo brasileiro" significara uma guinada econômica do partido para posições consideradas de centro, a proposta de reforma da Previdência consistia num claro indício de que os funcionários públicos — muito ruidosos, mas eleitoralmente pouco expressivos — eram deixados de lado e de que o partido, portanto, estava à procura de uma base eleitoral muito mais ampla e significativa em termos eleitorais, aquela composta pelos mais pobres; para isso, precisaria construir mecanismos econômicos que permitissem obter este apoio.

Em mais uma sinalização, considerada um aceno para acalmar o mercado, foram anunciados cortes no orçamento, no valor de 14 bilhões de reais, sem poupar educação, saúde e reforma agrária, pontos até então tidos como prioritárias pelos petistas. Somente na área social, porém, os cortes alcançariam 5 bilhões de reais.

O objetivo era atingir um superávit primário de 4,5% do PIB. Dias depois, o Banco Central elevaria em um ponto a taxa Selic, que alcançou 26,5%, e aumentaria o depósito compulsório dos bancos em 8 bilhões de reais, contendo ainda mais o crédito e, por tabela, o consumo.

O partido estremeceu. Os chamados radicais — liderados pela senadora Heloísa Helena — protestaram. Baixaria, então, o centralismo democrático. Em rápida resposta, José Genoíno e José Dirceu — especialmente esse, que, apesar de ter deixando a presidência do PT para assumir a Casa Civil, era o dirigente máximo, de fato, do partido — não só exigiam que todos os parlamentares seguissem a linha da direção partidária como ameaçavam os dissidentes com punições.

*

A avaliação positiva do presidente nas pesquisas cairia nos primeiros dois meses de governo. Se, em janeiro, era de 56,6%, em março teria queda acentuada, para 45%. Um sinal claro de que a retórica teria de ser substituída pela ação.

Lula se esforçaria. Basta recordar que foi ao Sindicato dos Metalúrgicos de São Bernardo do Campo e tentou justificar o marasmo do governo usando suas conhecidas metáforas: "Tive de esperar nove meses para nascer. Depois, onze meses para andar. Depois, doze meses para falar papai e mamãe. Por que vou fazer as coisas com pressa?"

Encantados pelo poder, os petistas começavam a saborear os privilégios, aqueles mesmos que combateram durante duas décadas. Agora, porém, era a vez deles. Estavam satisfeitos. Tinham engordado; muitos trocaram de mulher (optando pelas mais novas, é claro); deixaram de lado a cerveja e a cachaça e passaram a pedir, nos restaurantes, a carta de vinhos. Mudaram até a forma de dirigir o olhar. Não mais pediam. Passaram a ordenar. E como gostaram deste novo papel!

Lula, em março, utilizou um veículo oficial para passear com a cadela Michele, recordando, por instantes, o episódio que envolvera o ministro do Trabalho do governo Collor, Antonio Rogério Magri, e o translado de seu cão, e que geraria a pitoresca frase do ministro de que "cachorro também é gente". Mas Magri era Magri, e Lula era Lula. Logo, tudo foi esquecido.

Em junho, o ministro José Dirceu usaria avião da FAB para fazer campanha política em Cruzeiro do Oeste, Paraná, para seu filho, futuro candidato a prefeito. No mês seguinte, o ministro da Justiça Márcio Thomaz Bastos faria uma viagem particular valendo-se de um helicóptero da Polícia Federal.[14] Os tempos do moralismo verbal petista tinham ficado para trás, bem para trás.

O MST — que não dera trégua ao governo de FHC (que assentou 635 mil famílias), mas que, com a ascensão de Lula, mantivera uma atitude inicial retraída — aos poucos daria algum sinal de vida, retomando lentamente as invasões, embora muito mais como uma satisfação à sua base de apoio. Em janeiro, promoveu a primeira, em Rondônia. Em março, invadiu prédios públicos e terras, além de acampar na Esplanada dos Ministérios, em Brasília

O programa Fome Zero, em três meses, já era um fracasso. Não conseguia sair do papel. Porém, consumira 42 milhões — recursos públicos — em viagens, estudos e diversas despesas administrativas. Simbolizava bem o governo. Não menos que 24 milhões de quilos de alimentos se encontravam pessimamente armazenados e sem canais de distribuição.

As contas bancárias que receberiam as doações em dinheiro ainda não tinham sido sequer abertas. José Graziano, formulador do programa, ficaria mais conhecido não pelo trabalho, mas por uma frase preconceituosa dita numa entrevista: "Se eles, os nordestinos, continuarem vindo para cá, nós vamos ter de continuar andando de carro blindado."

Pouco depois, o gabinete de Mobilização Social — um dos instrumentos do Fome Zero e que tinha na direção Oded Grajew

---

[14]Em entrevista à *Veja*, o ministro Bastos fez questão de dizer que estava perdendo dinheiro como ministro da Justiça. Segundo ele, suas retiradas mensais eram de 250 mil reais e, como ministro, recebia apenas 8 mil reais (*Veja*, 5 de março de 2003).

e Frei Betto — seria despejado do 3º andar do Palácio do Planalto, deslocado para um anexo, de modo a que, no lugar, fosse instalada a primeira-dama, dona Marisa. Era a primeira vez que a esposa de um presidente tinha gabinete em plena sede do governo.

Muita reunião e pouca ação prática sintetizariam este momento. Anunciou-se, por exemplo, que, para fazer o Plano Plurianual (PPA), obrigação constitucional, que normalmente o governo elaborava e encaminhava ao Congresso, desta vez haveria uma "ampla consulta à sociedade". Mas o próprio governo, em seguida, esquecer-se-ia da ideia — absolutamente inexequível. Os petistas não tinham entendido a complexidade de administrar a União, e se imaginavam ainda à frente de algum sindicato ou de uma cidade.

Mesmo assim, os primeiros cem dias de governo seriam considerados positivos. Supunha-se algo muito pior. Desde a campanha eleitoral — excetuados os exageros retóricos — a sinalização era de que Lula continuaria a política econômica de FHC, até porque não tinha outra proposta.

Era mais seguro deixar tudo como estava e aguardar alguma mudança positiva no cenário econômico mundial. A cotação do dólar caíra, assim como o risco Brasil. As constantes declarações do ministro Palocci e a política conservadora do Banco Central — fora designado para presidi-lo Henrique Meirelles, recém-eleito deputado federal pelo PSDB de Goiás, e que tinha sido presidente mundial do Banco de Boston — reforçavam os sinais de que, no campo econômico, dificilmente haveria alguma turbulência. Uma guinada em relação ao passado recente de um partido que tinha — entre seus principais líderes, inclusive aqueles que falavam como porta-vozes da área econômica — quem apoiasse o não pagamento da dívida externa; os mais moderados defendiam uma auditoria da dívida. Também discordavam do acordo com o FMI feito pelo presidente Fernando Henrique, e criticavam a meta de superávits primários de 3% do PIB.

Apesar, portanto, da pressão interna do PT sobre o governo Lula, os anúncios do novo salário mínimo (240 reais) e do reajuste do funcionalismo público (1%) reforçariam ainda mais esta tendência de alinhamento à política econômica dos tucanos. Ironicamente, Gustavo Franco, ex-presidente do Banco Central, escreveu: "O que deu certo no governo, nos primeiros cem dias, foi o que não mudou."

Encerrando-se o mês de abril, Lula entregou ao Congresso as reformas previdenciária e tributária. Montara uma grande operação de marketing, bem ao seu estilo. Em passeata, sairia do Palácio do Planalto em direção ao Congresso, acompanhado de 27 governadores, 22 ministros, dez prefeitos de capitais e dezenas de assessores. Queria, com isso, simbolizar seu compromisso com as reformas, embora a maior oposição aos projetos viesse de seu próprio partido, dos setores logo apelidados de radicais.

No quinto mês de governo, o presidente estava ainda em lua de mel com a imprensa, que não se cansava de elogiar seus longos e constantes discursos. Em janeiro, falara sete vezes; em fevereiro, seis; em março, pularia para dezesseis; e, em abril, chegaria a 25 — quase um por dia.

Lula tentava estabelecer uma nova linha de conduta para o presidente. Buscava, assim, o contato direto com os cidadãos, dispensando intermediários, desqualificando os outros dois poderes e elaborando ideias de senso comum, como se fossem complexos pensamentos filosóficos.

Diferentemente de seus antecessores, era nos palanques que se sentia em casa, longe da rotina burocrática dos despachos no Palácio do Planalto. Retirando o radicalismo do discurso e associando a fala ao cotidiano, apresentaria suas analogias como explicações sociológicas da gestão governamental.

Disse: "O bom técnico de futebol não é aquele que começa ganhando. É aquele que termina ganhando. Porque o que vale é o fim do jogo." Pegando um pé no discurso nacionalista, tão presente no Brasil do regime militar, começaria a destacar a necessidade de fortalecer a autoestima nacional, dissolvendo as contradições sociais: "Esta é a hora de cada brasileiro e brasileira pensar menos em si mesmo e mais no país."

Alguns paralelos históricos eram bizarros, mas agradavam as plateias. Falaria, por exemplo, que, se "Jesus Cristo precisou ser crucificado para salvar a humanidade, por que cada um de nós não pode colocar um pouco do nosso sacrifício para salvar este imenso Brasil que precisa tanto de nós?"

E até elogiaria o facínora Lampião, imputando ao cangaceiro o que nunca disse: "Nós queremos uma segurança pública em que a justiça seja igual para todos, e não uma justiça que cuida com mais carinho daquele que tem 'alguns contos de réis' em conta bancária. Como dizia Lampião, em 1927: 'Neste país quem tiver trinta contos de réis não vai para a cadeia.'"

Também fez pregação religiosa, como se fosse um pastor (e aproveitaria para atacar o Legislativo e o Judiciário): "Não tem chuva, não tem geada, não tem terremoto, não tem cara feia, não tem um Congresso Nacional, nem um Poder Judiciário. Só Deus será capaz de impedir que a gente faça esse país ocupar o lugar de destaque que ele nunca deveria ter deixado de ocupar."

O mês de junho seria marcado pela polêmica reforma da Previdência, a emenda constitucional nº 41. Os principais pontos consistiam na taxação dos servidores inativos da União e dos estados, no aumento da idade mínima para aposentadoria (homens, sessenta anos; mulheres, 55), na exigência de no mínimo vinte anos de serviço público para que o funcionário pudesse aposentar-se, na limitação da aposentadoria do funcionário público ao teto do INSS, à época de R$ 2.400, e num valor máximo de proventos tanto para os ativos como para os inativos.

Era mais radical que a proposta que Fernando Henrique Cardoso conseguira aprovar em 1998, através da emenda constitucional nº 20.

No programa de governo apresentado para as eleições de 2002 já estava claro que o partido proporia modificações: "A criação de um sistema previdenciário básico universal, público, compulsório, para todos os trabalhadores brasileiros, do setor público e privado. O sistema deve ter caráter contributivo, com benefícios claramente estipulados e o valor do piso e do teto de benefícios de aposentadoria claramente definido."

No entanto, houve protestos do PT, dos sindicatos que tinham uma antiga vinculação com o partido e até do Poder Judiciário e do Ministério Público. No Congresso da CUT, Lula seria vaiado — da primeira vaia não se esquece — por uma parte do plenário. Num palco que sempre tivera como seu, daquela vez encontrava oposição.

No final de junho, pressionada por uma grande manifestação liderada pelos servidores públicos, a bancada do PT na Câmara Federal racharia no momento de aprovar um documento de apoio à reforma: 32 a favor e 22 contra.

Como sinal dos tempos, aliás, era então sistematicamente elogiado — como parlamentar cumpridor das ordens do Planalto — o vice-líder do governo na Câmara, professor Luizinho (PT-SP), considerado um aríete contra os radicais.

E Lula falava (e como!). Sempre criando frases de efeito que tivessem impacto imediato na conjuntura. Uma das quais resumiria as ações de sua gestão: "Todo mundo sabe que nunca aceitei o rótulo de esquerda." Fazia questão de dizer que "não era de esquerda", tanto para consumo externo quanto para consumo interno, do PT.[15]

O governo contabilizaria, entre suas vitórias, a adesão do PMDB. Era essencial o apoio do partido para aprovar as reformas e alcançar maioria confortável no Congresso.

As constantes críticas do vice, José Alencar, sobre a política de juros criariam várias saias justas no Planalto. Alencar vocalizava as ressalvas dos empresários, que imputavam às altas taxas de juros o baixo investimento no setor. Os consumidores também estavam insatisfeitos com os juros dos cartões de crédito e do cheque especial.

O governo mantinha uma política econômica conservadora. E, por estranho que pareça, eram líderes da oposição que saíam em defesa do Banco Central. O senador Arthur Virgílio (PSDB-AM), por exemplo, atacaria duramente Alencar: "A opinião dele é abilolada. Com um vice-presidente desses, a gente torce pela saúde do Lula."

Leonel Brizola, bem a seu estilo, era direto e centrava fogo no presidente: "O que me surpreende é que o Lula se mostre tão indeciso, vacilante e, por que não dizer, frouxo."

O balanço do primeiro semestre não seria nada positivo. O número de desempregados aumentara em 560 mil, a informalidade

---

[15] Até Denise Paraná, sua biógrafa, teve de reconhecer: "Embora fosse conservador politicamente, ao contrário de outros sindicalistas da diretoria, Lula não se negava a conversar com todos" (PARANÁ, Denise. Op. cit., p. 111).

se mantivera e a renda diminuíra. A taxa Selic fecharia em 26% (caíra 0,5% em junho).

O MST, que se mobilizara timidamente nos primeiros meses do ano, retomou as manifestações, num tom acima, e invadiu várias propriedades com o intuito de pressionar a administração petista — pois também sua liderança era contestada. Os sindicatos dos funcionários públicos romperam com o governo. Naquela conjuntura, já não mais serviriam como massa de manobra para o PT. Podiam ser descartados — e o seriam.

Vários ministros tiveram desempenho decepcionante. E o destaque seria o enorme poder concentrado na Casa Civil. Todos os atos do governo passavam pela chancela de José Dirceu, principalmente as nomeações para os mais de 20 mil cargos comissionados. Lula até brincaria com o centralismo de Dirceu: "O problema do Zé é que às vezes ele quer mandar mais do que o presidente."

A Lula cabiam — como um chefe de Estado num regime parlamentarista — as funções de representação. José Dirceu era, informalmente, o primeiro-ministro. O decreto 4.734, de 11 de junho, dava-lhe amplos poderes: "Fica delegada competência ao Ministro de Estado Chefe da Casa Civil da Presidência da República para, observadas as disposições legais e regulamentares, praticar os atos de provimento de cargos em comissão do Grupo-Direção e Assessoramento Superiores — DAS no âmbito da Administração Pública Federal."

Não satisfeito, o parágrafo primeiro do decreto estendia ainda mais a competência de nomeação da Casa Civil, abarcando todas as secretarias especiais, o gabinete pessoal do presidente, a assessoria especial da Presidência e a Secretaria de Imprensa e Comunicação. Em resumo, todo o governo estava nas mãos do chefe da Casa Civil.

Nesta época, Dirceu ainda estava em lua de mel com a imprensa — e ela com ele, registre-se. Era visto como o durão, como aquele que colocara rédeas nos "radicais" petistas, e até elogiado pela gestão do governo e por seu papel de executivo exemplar: "Eu odeio a incompetência. Eu não tolero a incompetência."[16]

Em julho, o MST, que sempre funcionara como um braço do PT, promoveria as manifestações mais fortes desde o início da Presidência de Lula, agora contra a interrupção da reforma agrária. O governo desapropriara 200 mil hectares, mas instalara apenas 2.500 famílias — número muito distante da meta de 60 mil para 2003.

O MST, que se mantivera pouco atuante até então, com protestos esporádicos de tempos em tempos, precisava dar alguma satisfação às bases, que estavam inquietas. Ademais, seus líderes observavam a presença e o crescimento de outros movimentos agrários dispostos a disputar "suas massas". Era necessário agir. As invasões atingiriam fazendas em São Paulo, Minas Gerais, Mato Grosso, Pernambuco, Rio Grande do Sul, Paraná e Pará. Mas não só propriedades rurais, pois tomariam também prédios públicos e atacariam e saqueariam postos de pedágios em estradas.

O objetivo central não era a reforma agrária. Nada disso. Tratava-se de uma manobra para fortalecer a liderança do MST, impedir o crescimento de movimentos rivais e mostrar ao governo que a direção tinha ainda o controle dos miseráveis do campo e poderia usá-los quando bem desejasse.

Dias depois, no entanto, numa reunião do movimento no Rio Grande do Sul, João Pedro Stedile, o eterno chefão do MST,

---

[16]Entrevista para *Veja*, Páginas Amarelas, 30 de julho de 2003.

deixaria essas motivações políticas de lado, vestiria a fantasia de revolucionário e iria direto ao assunto, pois o público para o qual falava era outro: "A luta camponesa abriga hoje 23 milhões de pessoas. Do outro lado há 27 mil fazendeiros. Essa é a disputa. Será que mil perdem para um? O que nos falta é nos unirmos. Para cada mil pegaremos um. Não vamos dormir até acabar com eles."

Na primeira semana de julho, o governo tomou uma importante decisão: a de unificar os programas assistenciais. As "bolsas", até então espalhadas, seriam reunidas. Como Benedita da Silva[17] não mostrara aptidão para exercer suas atribuições na Secretaria Especial da Assistência e Promoção Social, que tinha status de ministério, o responsável inicial por dar os primeiros passos na centralização dos programas foi o todo-poderoso José Dirceu. Era o início do Bolsa Família — denominação criada pelo publicitário Duda Mendonça.

Com a convocação extraordinária do Congresso, aumentaria a tensão entre os funcionários públicos e a liderança do governo, pois este, querendo aprovar, a qualquer custo, a reforma da Previdência, montara um rolo compressor.

A 23 de julho, na comissão especial que tratava do projeto, o governo conseguiria aprovar a proposta, por trinta votos a oito. Na ocasião, servidores foram impedidos de entrar na Câmara, cujo

---

[17]Benedita da Silva chegou ao ministério após ter sido derrotada na eleição para o governo do Rio de Janeiro por Rosinha Matheus. Na formação do novo governo, ela ligou e suplicou para o presidente: "Agora quero você cuidando de mim." Foi atendida. Lula disse que pretendia aproveitá-la, pois "reúne qualidades políticas, é mulher e negra". Ver BETTO, op. cit., p. 42.

presidente, o deputado João Paulo Cunha, pedira reforço do batalhão de choque da Polícia Militar para conter os manifestantes. Era mais uma "inovação" do PT: os policiais agiram dentro do prédio da Câmara e com autorização de seu presidente, caso único na história do Parlamento brasileiro.[18]

No início de agosto, a reforma da Previdência seria aprovada pelo plenário da Câmara.[19] A base governista, no entanto, rachara: foram 296 votos a favor e 56 contra — número ainda muito distante do quórum constitucional. O governo teve de contar, portanto, com a oposição e seus 62 votos salvadores.

Alguns votos contrários à reforma, apenas três, vieram da bancada do PT. Houve também uma ausência e oito abstenções. Os oitenta parlamentares petistas restantes seguiram a orientação do partido. A oposição também se dividira. O PSDB teve 29 deputados a favor e trinta contra. O PFL alcançaria proporção semelhante: 36 favoráveis e 38 contrários.

O quebra-quebra no Congresso era inevitável. Seguranças e manifestantes travaram verdadeira batalha campal. O prédio da Câmara acabaria depredado.

---

[18] Comenta Lúcia Hippolito: "Foi um presidente da Câmara, um deputado do PT, quem trouxe a polícia para dentro do Congresso Nacional, o que chocou todo mundo, porque é proibido por lei. Embora o deputado João Paulo tenha tentado explicar que a tropa de choque apenas passou por uma ala da Câmara, a verdade é que a polícia entrou no Congresso." E concluiu: "Este triste espetáculo marcará para sempre a biografia do atual presidente da Câmara." (HIPPOLITO, Lúcia. *Por dentro do governo Lula*. São Paulo: Futura, 2005. p. 41 e 43). E a atuação de João Paulo no mensalão ainda era desconhecida...

[19] Recorda o líder do PTB à época, Roberto Jefferson: "Constatou-se que os saques feitos por Marcos Valério no Banco Rural e no Banco do Brasil coincidiram com o troca-troca partidário para PL, PTB, PT e PP, partidos da base aliada do governo. Segundo o COAF, entre agosto e outubro de 2003, quando estava sendo votada a reforma da Previdência, Valério sacou R$ 6,4 milhões" (JEFFERSON, op. cit., p. 247).

Enquanto isso, a vida seguia bela (e como!) no Palácio da Alvorada e na Granja do Torto. Era ameno e tranquilo o cotidiano de Lula à sombra do poder. Iniciou-se a construção de um aviário para emas e patos, e não faltaram recursos para um ginásio de esportes com sala de fisioterapia. A Granja do Torto receberia também nova iluminação e novas churrasqueiras.

Uma polpuda verba fora reservada para o enxoval do presidente: dezenas de lençóis, quarenta jogos americanos coloridos, toalhas, colchões, taças de cristal e até roupões de algodão de... fio egípcio! A justificativa era a de que o antecessor sucateara toda a estrutura das residências presidenciais.

Já em agosto resultara em celeuma a compra de 2 mil latinhas de cerveja, 610 garrafas de vinho e 150 jogos de cristais ("lapidados à mão e de primeira qualidade") para a Presidência. Em seguida, a aquisição de seiscentos quilos de bombom Sonho de Valsa, 2 mil vidros de pimenta envelhecidas em barril de carvalho, 7 mil pacotes de biscoitos recheados e 6 mil barras de chocolate ao leite crocante acabaria momentaneamente suspensa para "ajustes" — tudo devido ao escândalo produzido pela divulgação do edital.

Se o governo encerrava agosto com vitórias expressivas — um mês que a tradição política identificava com graves crises políticas, como o suicídio de Getúlio Vargas e a renúncia de Jânio Quadros —, a entrevista dada pelo presidente do STF, Maurício Corrêa, serviria como ducha fria.

De acordo com o ministro, Lula havia abandonado ideias que defendera durante décadas. Vivia viajando e deixara o governo nas mãos de Palocci e Dirceu. Sustentava ainda que Lula estaria "aplicando a mesma agenda política e econômica adotada por Fernando Henrique". Para ele, o "presidente não é a mesma pessoa que se apresentou na campanha". Estava deslumbrado com o poder:

> O poder é algo contagiante. O presidente tem uma origem humilde. É um operário que chegou ao poder. Isso é lindo, mas alguém que tem helicóptero e jato à disposição, que desce onde quiser, que tem aquela criadagem toda, até aquelas mulheres bonitas que vão lá visitá-lo, pode mudar de comportamento. Isto tudo encanta.

Maurício Corrêa atacou as mudanças previdenciárias e defendeu o que considerava um direito adquirido dos juízes — o que deixaria o governo preocupado, pois a Câmara tinha apenas aprovado a reforma em primeiro turno. Havia ainda, portanto, alguma água a rolar.

Em setembro, Benedita da Silva seria acusada de ter ido à Argentina para uma atividade de fim religioso e não governamental. Em Buenos Aires, participou do 12º Café Anual de Orações. Teria, de acordo com noticiário, arranjado um compromisso oficial — marcado no dia anterior — com a ministra argentina da Promoção Social somente para emprestar legalidade a uma viagem pessoal bancada com recursos públicos, na qual se faria ainda acompanhar de uma assessora, também beneficiada com o pagamento das despesas e o recebimento de diárias.

Não era o primeiro caso envolvendo a ministra. Em maio, viajara a Portugal nas mesmas condições, ou seja, com objetivos religiosos acima dos governamentais. Era quase uma fundamentalista em um país de Estado laico.

No mesmo mês de setembro, pouco antes do passeio em Buenos Aires, Benedita fora aos Estados Unidos. Resolveria, no entanto, antecipar a viagem em cinco dias e assim dar uma esticada até Nova York, tudo pago com dinheiro público — afinal, nem ela era de ferro.

Ao se realizar um balanço dos primeiros cem dias do governo Lula, Benedita surgiria como a ministra cuja milhagem saía pelo ladrão: era quem mais tinha viajado. Visitara quatro países: Paraguai, Argentina, França e Bélgica.

Depois de quase um mês de polêmica, resolveria depositar o dinheiro gasto na viagem de encontro com evangélicos à Argentina. Argumentou que não queria criar constrangimento para o presidente Lula (?), e que teria, se possível for compreender o raciocínio, "tomado a decisão de depositar em juízo o valor do transporte que fiz na Argentina e faço isso por entender que tenho razão para tal e que provarei que esta viagem oficial que fiz à Argentina tem fundamento". Pouco adiantaria. Depois de longa agonia, em 21 de janeiro de 2004, acabaria demitida.

Paralelamente às primeiras denúncias contra ministros, começaria a ficar mais clara a forma de governar — de aparelhar a máquina de Estado — do PT. Em oito meses, o partido fizera 15 mil nomeações para cargos de confiança. E ainda restavam mais 6 mil vagas — a serem partidariamente ocupadas. A indicação era precedida por um atestado ideológico petista. O "nada consta" e, especialmente, o "é um dos nossos" garantiam o emprego.

O ex-guerrilheiro José Genoíno, presidente do PT, tentava justificar aquela sede de preenchimento: "Fomos eleitos para mudar." Além de transformar a máquina estatal em correia de transmissão do partido, de acordo com os princípios leninistas, o pagamento obrigatório do dízimo aumentara, de forma significativa, a receita partidária. Estimava-se que o PT recolheria algo em torno de 15 milhões de reais por ano a partir de 2003.

O festival de nomeações — não é exagero supor que, no total, terão chegado a 40 mil — incluía as empresas e os bancos estatais, suas diretorias e seus conselhos.

A Funasa (Fundação Nacional de Saúde), vinculada ao Ministério da Saúde, sempre foi desejada pelos corruptos devido aos recursos fabulosos que movimenta. Em 2000, um decreto definira que os coordenadores regionais da fundação deveriam ser funcionários de carreira, com pelo menos cinco anos de experiência em cargos de direção. Os petistas mudariam isso. Afinal, o decreto dificultava o aparelhamento da Funasa. Tinham razão. E como superam o obstáculo? Incluíram um "preferencialmente" ao texto. Ou seja, o indicado deveria ser preferencialmente — e não necessariamente, como antes — um funcionário de carreira com mais de cinco anos em cargos de direção. Aquele acréscimo retirava o caráter terminativo do decreto anterior. E isso se repetiria em toda máquina estatal.

O caso do Instituto Nacional do Câncer (Inca) viraria referência para o estilo petista de aparelhamento do Estado. Conhecido pela excelência no combate ao câncer, o Inca seria entregue, sob a gestão do PT, a uma senhora cuja experiência anterior consistira na direção de parques e jardins da prefeitura carioca. No hospital, portanto, faltava de tudo: remédios, material de limpeza, equipamentos. Mas não faltavam petistas em todos os postos de confiança.[20]

Lula visitaria Cuba em setembro. Nada falou sobre a repressão e as centenas de presos políticos. Já silenciara em abril, sempre

---

[20] O PT tomou para si o Estado. Se em 2003 as ações viraram escândalos, no ano seguinte seria até considerada "natural" a tomada da Embrapa pelos petistas. Era uma empresa modelo. Era. Caíram subidamente o número de patentes requeridas. O que não caiu foi o número de petistas em todos os cargos de direção. Antes de ser um pesquisador competente, era necessário ser petista.

conivente com a ditadura castrista, quando o regime fuzilou três opositores e condenou quatro à prisão perpétua.

Frei Betto, presente na comitiva, diria ter ressalvas a Cuba, mas de um modo muito peculiar, por meio do qual o "religioso" podia se manter fiel à ditadura: "Adoto um princípio: os inimigos denuncio em público; os amigos critico em particular. Sou amigo dos cubanos e solidário à revolução."[21] Democracia, liberdade e direitos humanos são bons, mas longe, bem longe, de Cuba.

Outubro seria um mês ruim para o governo, pois, logo de início, foram divulgadas as pesquisas de opinião pública. A confiança em Lula caía sistematicamente. Em março, estava em 80%; em junho, em 76%; em setembro, baixara a 70%. Um número ainda favorável, sem dúvida, mas que não escondia a curva descendente. A avaliação positiva de seu governo reproduzia a mesma tendência de queda: 75%, depois 70% e afinal 69%.

Também naquele mês, acusações de corrupção e de improbidade administrativa atingiriam o titular da pasta dos Esportes Agnelo Queiroz. De início, o pagamento de diárias ao ministro, pelo Comitê Olímpico Brasileiro, quando da realização dos Jogos Pan-americanos na República Dominicana. Vale ressaltar que Queiroz viajara com todas as despesas cobertas pelo governo brasileiro.

O ministro, porém, consideraria esta duplicidade — que custara 11 mil reais — uma mera "falha administrativa", e só se manifestaria a respeito quando denunciado pela ex-jogadora de basquete Paula, dois meses após o fato. Queiroz fez questão — e isto se transformaria numa característica dos petistas no poder — de

---

[21]BETTO, op. cit., p. 194.

demonstrar indignação: "Isso que está sendo divulgado tem um objetivo: transformar uma falha administrativa em um motivo de exploração, para questionar a honestidade do ministro, do ministério e do governo Lula."

O mesmo Queiroz — no mesmo mês de outubro — envolver-se-ia em nova enrascada. Para comemorar seus 45 anos, assessores resolveram organizar uma festa, mas se valeram, para o envio de convites, da estrutura do ministério. Era, registre-se, uma festa surpresa. O ministro, supostamente, de nada sabia, e os funcionários responsáveis seriam advertidos por mais esta "falha administrativa".

Também em outubro, o secretário Nacional de Segurança Pública, Luiz Eduardo Soares, pediria demissão, muito pressionado pela divulgação de um dossiê que o acusava de ter contratado, como consultoras, a atual, a ex-mulher e a ex-cunhada, todas consideradas especialistas na área.

Na ocasião, surgiram denúncias de que o dossiê estava vinculado ao interesse de um banco japonês em um negócio milionário, a criação de um cadastro único de identificação civil, que não contaria com o apoio do secretário. De acordo com Soares, porém, José Dirceu também estaria por trás da "fritura". O secretário denunciara, inclusive, escutas clandestinas em seu gabinete. Pedira, a propósito, o apoio do presidente do PT, mas José Genoíno silenciaria. Restou-lhe pedir demissão.

Ainda naquele mês, o deputado Fernando Gabeira pediria desfiliação do PT. Protestava contra a política ambiental, especialmente a liberação do plantio de transgênicos, e se insurgia ante a postura de Lula quando da visita a Cuba, omisso em relação aos presos e perseguidos políticos da ilha.

Segundo Gabeira, era uma ilusão imaginar que se transformaria o Brasil pelo Estado, pelo alto. O país só poderia ser transformado pela sociedade: "Nossa geração não pode se contentar em estar no governo. Temos que dizer também por que estamos no governo, mas infelizmente isso não aconteceu." E concluía: "Não digo que o sonho acabou. Sonhei o sonho errado."

A reforma agrária — que caminhava lentamente — também entrara no rol das denúncias. Uma fazenda no Paraná teria sido desapropriada por R$ 132 milhões. Causariam perplexidade a rapidez do processo e o fato de que a área pertencia à União, de modo que se tratava, portanto, de operação ilegal. E mais: não era possível instalar 1.500 famílias num terreno de mata nativa e de reflorestamento. No passado, Lula acusaria ali uma *maracutaia*. Agora, no entanto, era ele o governo.

O mês de outubro terminaria com nova denúncia. Em dez meses, Lula gastara, com viagens e diárias, o dobro que Fernando Henrique no mesmo período de governo: quase R$ 20 milhões.

A explicação de Guido Mantega, então ministro do Planejamento, para o fato foi digna do país da piada pronta: "A ação do nosso presidente em matéria de relações exteriores é muito superior, haja vista os resultados que temos."

Ah, se fosse um presidente não petista...

O petismo vivia um trimestre tenebroso. Agora, as acusações alcançavam o governador de Roraima, Flamarion Portela, que aderira ao PT após ser eleito em 2002. A Polícia Federal desarticulou um enorme esquema de corrupção envolvendo folhas de pagamento fantasmas de 6 mil funcionários. Um desvio, de acordo com a PF, de mais de R$ 200 milhões.

Inicialmente, o partido saiu em defesa de Portela. O argumento era de que tudo não passaria de intriga de adversários políticos. Genoíno fez questão de vir a público: "O governador tem trabalhado para fazer uma limpeza em Roraima." Meses depois, no entanto, Portela acabaria expulso do PT — expulsão que não passava de ato de ópera bufa. Afinal, sua esposa, Angela Portela, seria eleita senadora pelo partido em 2010.

O mais trágico é que, depois de muitas idas e vindas judiciais, o crime de corrupção acabaria prescrevendo — e os milhões de reais, supostamente desviados, jamais retornariam ao erário. Ninguém foi condenado.

O PT, que tratava a coisa pública como propriedade partidária, agia como senhor da casa-grande quando se relacionava com os mais fracos.

Ricardo Berzoini, ministro da Previdência, resolvera fazer o recadastramento dos aposentados e pensionistas com mais de noventa anos. Para tanto, exigia — sim: exigia — que os beneficiários comparecessem às agências do INSS, e chegou a afirmar que bloquearia os pagamentos daqueles que não efetuassem o recadastramento.

Foi um Deus nos acuda. Da noite para o dia, milhares de idosos maiores de noventa anos tinham de se deslocar às agências. A repercussão seria péssima e obrigaria o ministro a voltar atrás. Seguindo fielmente a cartilha petista, porém, colocou a culpa não em sua desastrada gestão, mas, claro, no governo anterior: "Infelizmente essa situação que vivemos, de termos tantos indícios de fraudes, é consequência da omissão administrativa do passado."

Em 10 de dezembro, depois de tramitar por 225 dias, a reforma da Previdência foi finalmente aprovada no Senado. Obteve 51 votos favoráveis e 24 contrários (entre os quais o da senadora petista Heloísa Helena).

Eram necessários 49 votos para obter o quórum constitucional, e o governo contou com preciosas doze adesões da oposição, sete do PFL e cinco do PSDB, sem as quais não venceria, pois os partidos da base haviam rachado novamente.

Um episódio bizarro marcaria a sessão: o senador Nei Suassuna — mais conhecido pela exibição de extravagantes gravatas do que pela atuação parlamentar — votara contra, segundo ele, por um equívoco. Era a favor, mas se atrapalhara no complexo instante de escolher entre as alternativas sim e não.

No dia 14, o Diretório Nacional do PT — com 55 votos a favor e 27 contra — expulsou os três deputados federais que votaram contra a reforma, Luciana Genro, Babá e João Fontes, além da senadora Heloísa Helena. Alguns petistas, como a ministra Marina Silva, optariam por não comparecer à reunião.

Os mais aguerridos defensores da expulsão — e que discursaram no encontro — foram os senadores Aloísio Mercadante, Ideli Salvatti e Cristovam Buarque e os deputados Carlos Abicalil e Paulo Delgado. A direção partidária exultou. O secretário de organização Sílvio Pereira — que, dois anos depois, ficaria notabilizado pelo presente recebido de uma construtora, um jipe *Land Rover* — disse que o confronto com os radicais era inevitável caso não mudassem "sua prática e discurso".

A reunião do Diretório Nacional ocorreu no luxuoso hotel Blue Tree Park, em Brasília. Já ia longe o tempo de reuniões em sindicatos e auditórios improvisados. Em 2003, o PT era poder — e gozava amplamente deste privilégio.

Se, de um lado, os "radicais", não raro petistas históricos, eram expulsos do partido, contando com o apoio entusiástico de Lula, de outro o presidente solidificava a aliança política com Sarney e seu grupo. O estreitamento das relações vinha desde a campanha eleitoral, mas se intensificara no início do governo, quando o velho cacique conseguiu quarenta cargos para seus afilhados políticos, como a presidência da Eletronorte, que tinha um orçamento de R$ 1 bilhão. Na esfera paroquial, dos quarenta postos federais no Maranhão, Sarney avidamente abocanhara 36. Estava mais poderoso do que na época da ditadura, como salientaria o deputado petista Domingos Dutra, seu adversário local de mais de duas décadas.

Lula — pelas mãos de José Dirceu — dera corda e muitos "benefícios" aos partidos da base no Congresso. Eles cresceram. O PMDB saltou de 69 deputados, em fevereiro, para 77 em outubro. No mesmo período, o PTB registraria crescimento notável: tinha 41 parlamentares e, oito meses depois, 55.[22] O PP fora de 43 para 47, e o PL, de 33 para 43. Enquanto isso, as bancadas oposicionistas minguavam: o PSDB contava então com 51 deputados (perdera doze), e o PFL, com 67 (perdera oito).

---

[22] De acordo com Jefferson, "outro fator que fez a bancada do PTB aumentar foi o empenho do próprio José Dirceu, que encaminhou para o PTB diversos deputados que, insatisfeitos com seus partidos, o procuravam querendo apoiar o governo, mas não podiam ir para o PT" (JEFFERSON, op. cit., p. 169).

Os choques no interior do PT tinham também reflexo nos dilemas econômicos. A política seguida por Palocci encontrava opositores dentro do próprio governo. Era o caso do BNDES e de seu presidente, Carlos Lessa.

Suas constantes declarações públicas criticando, implicitamente, Palocci causariam sucessivas saias-justas. Além do quê, Lessa não aceitava estar subordinado ao ministro do Desenvolvimento, o empresário Luiz Fernando Furlan.

O ano se aproximava do fim. A popularidade de Lula estava em 41%, abaixo dos 43% de FHC em seu primeiro ano de mandato. O governo não deixara qualquer marca. Os projetos de impacto haviam fracassado. O Fome Zero, por exemplo, não decolara. Frei Betto, seu coordenador, logo se afastou.

Curiosamente, no entanto, o programa fazia sucesso no exterior; sucesso que só poderia ser atribuído à marca, à ideia, ao que deveria ter sido — porque, na prática, jamais teve resultados positivos a apresentar. Acabaria virando motivo de chacota no Brasil.

Dois episódios simbolizaram bem a seriedade com que o governo tratava o Fome Zero. O primeiro, ainda em março, uma feijoada para arrecadar doações — evento patrocinado pela *socialite* carioca Vera Loyola, que então doaria a gargantilha de ouro da sua cadela Perepepê e aproveitaria o ato para dissertar sobre Lula e os "radicais" do PT: "Se eles não estão contentes, os incomodados que se mudem." Dois meses depois, a joia seria leiloada, por R$ 5 mil, para a mãe do ex-senador Luiz Estevão, o único na história do Senado a ser cassado por seus pares.

Em agosto, o segundo: José Dirceu ganhara um Rolex do presidente do PTB, o deputado José Carlos Martinez, e, representando o papel de um republicano sincero, decidira doar o presente ao

Fome Zero. A Caixa Econômica Federal, porém, ao examiná-lo, constataria tratar-se de um relógio falso.

O crescimento do PIB fora pífio: 1,1%. O PIB *per capita* caíra 0,9%. E houve um leve crescimento da dívida externa, para US$ 215 bilhões.

Algumas mudanças marcariam as exportações brasileiras nos próximos anos. A China transformara-se no segundo maior comprador de produtos brasileiros, especialmente minério de ferro e soja, e em um momento de preços altos.

A reforma agrária era ainda só promessa: das 60 mil famílias a serem assentadas, apenas 36 mil haviam sido agraciadas com um lote de terra. Paralelamente, o número de assassinatos em áreas de tensão no campo crescera: em 2002, foram 43 mortos; em 2003, 73 — número que refletia o recrudescimento dos conflitos, de 743 para 1.335.

Apesar dos fracos resultados internos no primeiro ano de mandato, internacionalmente Lula amealhara enorme prestígio. Sinal de que sua capacidade de comunicação era superior à de gestor público. Sua biografia ajudava. E muito. Decisiva mesmo, porém, fora a guinada para o centro político, movimento que o transformou no queridinho da imprensa e dos investidores internacionais.

Seria considerado, em uma pesquisa sobre a elite latino-americana, o melhor presidente da região. O fato de que abandonara o embolorado manual econômico de esquerda era visto como marco positivo. O curioso é que tudo isso ocorria duas décadas após a queda do muro de Berlim. Lula simplesmente aceitara o óbvio. Mas era louvado como se reinventasse a roda.

O presidente aproveitaria o prestígio para agregar um acentuado tom terceiro-mundista à diplomacia brasileira. Em um ano, visitara 21 países do chamado Terceiro Mundo. Era uma forma de dar, internamente, alguma satisfação aos setores de esquerda do PT, aborrecidos com aquela política econômica tão distante do velho programa petista. E também de resgatar um velho antiamericanismo do Itamaraty, cuja origem remontava aos tempos Ernesto Geisel. Havia ainda o interesse em robustecer a candidatura do Brasil como membro permanente do Conselho de Segurança da ONU — algo que vinha sendo proposto desde a gestão de FHC.

Neste contexto, a última viagem internacional de Lula em 2003 seria à África — um giro, de resultados econômicos inexpressivos, por São Tomé e Príncipe, Moçambique, Angola, Namíbia e África do Sul. Países que, somados, representavam pouco mais de 1% do valor das exportações brasileiras. Ademais, ao longo dos anos, por várias vezes o governo do Brasil perdoaria dívidas dos países africanos — para alegria dos ditadores daquele continente.

Da viagem, portanto, restaria somente um fato significativo. Na capital da Namíbia, em um improviso, Lula disse: "Quem chega a Windhoek não parece que está em um país africano. Poucas cidades do mundo são tão limpas, tão bonitas arquitetonicamente e têm um povo tão extraordinário." A frase desastrada seria alterada, na tradução, pelo intérprete brasileiro, que suprimiu a palavra "limpas".

2004

SE O GOVERNO TINHA desempenho cinzento, o mesmo não poderia ser dito da estrutura erguida para as constantes viagens do presidente Lula pelo Brasil e, especialmente, ao exterior.

Nem bem o ano começara, a 15 de janeiro, e o Ministério do Planejamento anunciava a substituição do Boeing 707 da Força Aérea Brasileira, conhecido como "Sucatão", aeronave que transportara, desde 1986, todos os presidentes da República. Em seu lugar surgiria um moderno avião, o *Airbus* — ao custo de US$ 56,7 milhões.

A nova aeronave recebeu instalações especiais, que incluíam uma suíte presidencial, para aumentar o conforto de Lula — e que seria bem usada. O luxo decorrente das exigências do presidente aumentou o preço da aquisição em US$ 13,5 milhões. Ele, no entanto, considerava aqueles gastos absolutamente naturais e justificáveis, embora seja fácil imaginar como reagiria o PT se estivesse na Presidência, por exemplo, Fernando Henrique Cardoso.

De acordo com Guido Mantega, o "Sucatão" não reunia mais condições de transportar, com segurança, o presidente. Além disso, o Boeing 707 tinha restrições para pousar em alguns aeroportos do Primeiro Mundo, o que, segundo o ministro, "causava constrangimentos".

Logo o avião receberia um apelido: AeroLula.

Depois de muitas conversações, idas e vindas, o PMDB acabaria entrando, oficialmente, no governo.[23] Como de hábito, o partido lutou por ministérios que tivessem bom caixa. Este exame orçamentário inicial se tornara pré-requisito fundamental para qualquer apoio do PMDB, que só aderia a preço de ouro.

Desta vez, porém, o partido não teve, ao menos de partida, o êxito esperado. Ficou com os ministérios das Comunicações, reservado ao deputado Eunício de Oliveira, e da Previdência Social (mais apetitoso), entregue ao senador Amir Lando.

Ricardo Berzoini, tão querido pelos aposentados mais idosos, não perdera o emprego; só mudara de ministério, transferido para o do Trabalho. Nesta dança das cadeiras, Aldo Rebelo viraria ministro, da Coordenação Política,[24] e o deputado Eduardo Campos assumiria a pasta da Ciência e Tecnologia — até então ocupada por outro membro do PSB, Roberto Amaral, que deixara, como marca de sua passagem pelo ministério, a defesa da bomba atômica tupiniquim.

Jaques Wagner, que deixara o Ministério do Trabalho, assumiu a Secretaria Especial do Conselho de Desenvolvimento Econômico e Social. Benedita da Silva, que virara uma espécie de ministro-zumbi desde o episódio da viagem a Buenos Aires, acabou trocada por Patrus Ananias, ex-prefeito de Belo Horizonte, considerado um bom gestor e que ficaria encarregado de dar operacionalidade ao programa Bolsa Família, uma vez que fora extinto o Ministério da

---

[23] José Dirceu, principal defensor e responsável pela entrada do PMDB no governo, acabou ganhando um presente "original" de um dos indicados: duas horas com uma "modelo" especialmente contratada para agradá-lo na suíte presidencial de um dos hotéis mais luxuosos de Brasília. Ver: CABRAL, op. cit., p. 208-209.

[24] Segundo Frei Betto, Aldo Rebelo, logo após assumir o cargo, distribuiu no Palácio do Planalto um panfleto chamado "O espírito de Xibaipo". Xibaipo era um povoado onde o comitê central do PC chinês se reuniu em 1948: "Ali Mao Tse-Tung apresentou a tese de que 'todos os camaradas devem conservar a modéstia e a prudência, evitando a arrogância, e manter a luta árdua'." Ver BETTO op. cit., p. 302.

Segurança Alimentar, fulminado pelo fracasso do Fome Zero — um sucesso midiático, mas um desastre administrativo.

Tarso Genro seria o novo ministro da Educação, no lugar de Cristovam Buarque, demitido por telefone quando em visita oficial a Portugal. Registre-se que, antes de viajar, teria perguntado a Lula se podia ir tranquilo, recebendo sinal positivo.[25]

O ex-ministro, portanto, fez questão de que um amigo o fotografasse — em Lisboa, em frente à Casa Havaneza,[26] ao lado de uma estátua de Fernando Pessoa — no instante em que o presidente telefonou para desempregá-lo.

Havia também o caso dos ministros que deixaram o governo sem que sequer tivessem entrado, tão nulas foram suas presenças, como Emília Fernandes, da Secretaria Especial da Mulher.

A 13 de fevereiro, explodiria o escândalo Waldomiro Diniz, principal assessor político de José Dirceu. A revista *Época* divulgou uma fita gravada, em 2002, pelo bicheiro (chamado, pela imprensa, de "empresário de jogos") Carlos Augusto Ramos, o Carlinhos Cachoeira.

---

[25] Frei Betto informa que Lula não sabia que seu ministro estava em Lisboa. Imaginava que estivesse em Brasília. Pura hipocrisia: "Fiquei sem jeito, pois teria preferido uma conversa cara a cara. Mas, assim como a gente liga para a Austrália para dizer a um companheiro que ele vai ser ministro, pensei: por que não comunicar também que será demitido? Falei com o Cristovam que eu precisava do lugar dele, e que ele poderia desempenhar um papel importante no Senado. Acrescentei que preciso fazer a reforma universitária e a presença dele à frente do ministério poderia ser interpretada como corporativismo, já que foi reitor da UnB. Terminei perguntando: 'Sem mágoa, Cristovam?' E ele respondeu: 'Sem mágoa, presidente.'" Ver BETTO, op. cit., p. 327.
[26] A Casa Havaneza ficou célebre porque lá o poeta Fernando Pessoa comprava tabaco, e pelo poema "Tabacaria".

No vídeo, Waldomiro cobrava propina do bicheiro para o PT e para ele próprio. O chantagista não era qualquer um. Ocupava o importante posto de subchefe de Assuntos Parlamentares da Presidência da República. Era um homem de Dirceu, embora já tivesse sido acusado de comandar esquema de cobrança de propina quando presidiu a Loterj, a loteria do estado do Rio de Janeiro, também em 2002.

Na denúncia, o Ministério Público Federal afirmaria que Diniz "tinha por hábito cobrar propina e assim buscava nova fonte de recursos". Os envolvidos foram acusados dos crimes de estelionato, corrupção ativa e passiva e concussão (exigir dinheiro ou vantagem em razão do exercício de uma função).

Devido à péssima repercussão do episódio, o assessor acabaria exonerado. Curiosamente, porém, quando o escândalo veio à tona, Waldomiro Diniz trabalhava na elaboração de uma medida provisória que legalizaria os bingos do país, mas que acabou abortada ali.[27]

A minoria no Congresso quis aproveitar a oportunidade e abrir uma CPI. Encontraria, no entanto, forte resistência no governo, que fez de tudo para impedir uma investigação independente. A oposição só conseguiria instaurá-la mais de um ano depois, em junho de 2005, logo apelidada de "CPI do Fim do Mundo", pois estabelecida num momento em que a base governamental

---

[27] Em 2006, Arthur Virgílio, líder do PSDB no Senado, comentaria: "O Waldomiro continua flanando em Brasília, e, ao que consta, sem emprego. Vive de quê? Do silêncio?". Em 2009, foi condenado por improbidade administrativa na esfera cível. A Justiça determinou que pagasse cinco vezes o valor do salário que recebia na época das supostas irregularidades, em valores corrigidos, além de R$ 5 mil em honorários advocatícios. Em 1º de março de 2012, a Justiça do Rio condenou Waldomiro e Cachoeira por corrupção e fraude contra a lei de licitações. Foi sentenciado a doze anos de reclusão e 240 dias-multa (sendo que o valor de cada dia-multa é de um salário mínimo). Em novembro de 2012, apelava da sentença em liberdade.

encontrava-se rachada em decorrência das denúncias de Roberto Jefferson sobre o mensalão.

Aquele fevereiro de 2004 pode ser considerado o marco do fim da lua de mel entre imprensa e governo. E não só: havia então certo ar de cansaço ante a verborragia presidencial e a pobreza de resultados práticos.

A acusação — que enredava um assessor muito próximo ao todo-poderoso José Dirceu — acendera a luz amarela no Planalto, apesar do esforço do ministro em negar qualquer relação com Diniz: "Estou decepcionado, muito decepcionado", disse.

De acordo com Luiz Eduardo Soares, ex-secretário do governo, Waldomiro Diniz arrecadaria, por mês, R$ 300 mil — e ainda haveria mais um assessor de Dirceu envolvido. Na ocasião, o ministro teria chegado a pedir demissão; que Lula não aceitou, sem deixar que expusesse suas razões. Fora o primeiro tiro na honorabilidade do governo — e justamente no colaborador mais influente.

José Dirceu passaria semanas emparedado, e precisaria pedir ajuda aos velhos caciques do Congresso — sempre, claro, tendo de pagar o devido preço. Também tentaria, de todas as maneiras, justificar as relações com o íntimo assessor. Numa entrevista à *Veja*, falou:

> Ele coordenava e articulava minhas relações com os deputados e senadores, para as votações, para as articulações políticas. Eu despachava com ele regularmente, toda semana. E falava com ele todos os dias. O Waldomiro Diniz não assinava atos administrativos, não tinha poderes legais para isso. Era um assessor político. E não é verdade que ele fosse o principal assessor da Casa Civil.

Uma pesquisa do Datafolha apresentaria um péssimo resultado para o ministro: 67% dos entrevistados achavam que deveria deixar o governo.

Neste momento, surgiam também as primeiras denúncias contra Delúbio Soares, tesoureiro do PT, personagem ainda desconhecido do grande público. Envolviam tráfico de influência, constantes visitas ao Palácio do Planalto e, inclusive, viagens com o presidente ao exterior — sem que tivesse qualquer cargo ou função no governo.[28]

Na mesma entrevista à *Veja*, Dirceu sairia em defesa do "companheiro":

> Não vejo problema de o tesoureiro do PT participar de uma viagem do presidente. O Delúbio foi dirigente sindical, dirigente da CUT, militante do PT, é uma pessoa pública. Não está impedido por ser tesoureiro. A presença dele no Palácio do Planalto, na Casa Civil, é muito rara. Ele não vem aqui tratar comigo questões de tesouraria. Vem discutir política. São questões que até poderiam ser tratadas na sede do PT. Mas aqui se ganha em agilidade. E, quando éramos oposição, pedíamos liberação de verbas. Agora, que somos governo, vamos parar de pedir? Não vejo como pressão.

As acusações — especialmente as que pesavam sobre Dirceu — desgastariam o PT. Afinal, durante décadas o partido se apresen-

---

[28] Delúbio Soares mudou, da noite para o dia, sua forma de vestir e seus hábitos alimentares. Passou a beber vinhos e uísques caros, e a circular por Brasília com um forte esquema de segurança: "Ele usava, em várias ocasiões, batedores e carros blindados para se locomover. O esquema de segurança era parecido com o de chefes de Estado. Além de dispor de pelo menos dois batedores de motocicletas, o tesoureiro usava carros-clones." (CAMAROTTI, Gérson; LA PEÑA, Bernardo de. *Memória do escândalo*: os bastidores da crise e da corrupção no governo Lula. São Paulo: Geração, 2005. p. 49).

tara como o campeão da ética e da moralidade públicas. E, até então, as denúncias que frequentemente atingiam as prefeituras administradas por petistas não haviam alcançado a cúpula partidária. Aquele ano de 2004 era o ponto de inflexão.

Não dava mais para esconder. Mesmo assim, as acusações ainda eram imputadas a desvios pessoais, e assim eram absorvidas pela sociedade. De modo que as respostas de Dirceu — sobre as práticas "delubianas", que considerava absolutamente normais, e, suprema ironia, a respeito das constantes visitas do tesoureiro petista ao Planalto, que aprovava, em nome da "agilidade" — não encontrariam a devida repulsa da opinião pública.

O crédito que o PT adquirira ao longo de três décadas estava arranhado, mas ainda resistia.

A 13 de março, o governo conseguiria barrar mais uma CPI: a de Santo André, para investigar a morte do ex-prefeito Celso Daniel. A justificativa era pífia: o requerimento não lograra reunir a assinatura de ao menos 27 senadores — requisito mínimo.

Inicialmente, o documento contava com 28 assinaturas, número suficiente, mas a do senador Teotônio Vilela Filho (PSDB-AL) seria cancelada porque seu suplente, João Tenório (PSDB-AL), também assinara. Ademais, com atuação decisiva do presidente do Senado, José Sarney (PMDB-AP), os líderes governistas "convenceriam" dois senadores — Papaléo Paes (PMDB-AP) e Paulo Octávio (PFL-DF) — a retirar seus nomes do requerimento. Assim, a CPI acabou arquivada.

Três anos e meio depois do bárbaro assassinato do prefeito de Santo André, Celso Daniel, morto em janeiro de 2002, novos indícios do crime surgiriam. A reabertura do inquérito, em 2005, viria na esteira de denúncias e revelações que devassavam as relações perigosas entre PT, governo e empresários.

O caso expunha também a cobrança sistemática de propina nas prefeituras petistas com o objetivo de financiar o partido. Pouco antes de morrer, Daniel era o homem mais cotado para coordenar a campanha de Lula à Presidência. O misterioso assassinato, portanto, atraía suspeitas. Seria um crime político?

Para a polícia e para o PT, não. Tratara-se apenas de um crime comum.

No entanto, o irmão do prefeito morto, João Francisco Daniel, revelaria que Celso comandava um esquema de propina que envolvia empresas prestadoras de serviços à prefeitura de Santo André. O assassinato seria consequência de um desentendimento com empresários, e teria como mandante Sérgio Gomes da Silva, o "Sombra", que estivera com o prefeito na noite do crime. Ainda de acordo com o irmão, Celso tentava acabar com o "caixa três" (dinheiro desviado, para fins pessoais, das propinas destinadas ao PT).

Cinco dias após o assassinato, João Francisco, segundo relataria, recebeu um telefonema de Gilberto Carvalho,[29] no qual o esquema lhe teria sido revelado. Os recursos desviados teriam sido repassados a José Dirceu e servido para pagar gastos das campanhas de Marta Suplicy à prefeitura de São Paulo, em 2000, e de Lula à Presidência da República, em 2002.

De acordo com o legista Carlos Delmanto Printes — em entrevista concedida em agosto de 2005 —, Celso Daniel foi cruelmente

---

[29]Nos dois governos Lula, Carvalho foi seu chefe de gabinete, exercendo grande poder na administração. Tinha sido seminarista. Segundo Betto, em 2004, "Gilberto comentou como é forte a religiosidade no Planalto. Dia desses encontrou sua equipe orando antes de iniciar o trabalho" (BETTO, op. cit., p. 418). Provavelmente, o ex-seminarista não tinha conhecimento da separação Igreja-Estado ocorrida há mais de um século, em 1891.

torturado antes de morto. Segundo Printes, os sequestradores praticaram o chamado "esculacho", ou seja, deram tiros ao chão, bem próximos ao prefeito, simplesmente para amedrontá-lo. Além disso, o médico identificou vários hematomas no corpo de Daniel.

Em busca de uma "agenda positiva" — e midiática —, o governo promoveria a primeira Expo Fome Zero — primeira e única, registre-se. Evento que sequer deveria ter ocorrido, dado que o ministério responsável, o da Segurança Alimentar, fora extinto semanas antes. Lula, no entanto, aproveitaria a ocasião para distribuir frases panfletárias.

Disse que era mais fácil acabar com a fome do que com as guerras, e dissertou um pouco sobre Deus e suas obras. Discurso oco, sem conteúdo, por meio do qual, na verdade, tentava responder a uma preocupação: os números de uma pesquisa, a ser ainda divulgada, que indicavam queda da aprovação popular a seu desempenho pessoal.

Essa consulta à opinião pública sucedera duas vitórias do governo, vitórias importantes para o PT, mas muito impopulares junto à sociedade: o arquivamento da CPI do caso Santo André e a legitimação, pela Comissão de Constituição e Justiça do Senado, da decisão de Sarney de não indicar representantes para a CPI dos Bingos.

Coube aos senadores Aloizio Mercadante e Renan Calheiros liderar o movimento pela barração das duas CPIs. Preocupava o Planalto então o fato de a oposição no Senado (composta por PFL, PSDB e PDT, e frequentemente reforçada por senadores de outros partidos) ser mais representativa do que na Câmara, possuindo um "público consistente" — nas palavras de Mercadante — para apresentar requerimentos por CPIs:

Há uma decisão da maioria, configurada ontem como constitucional e regimental pela CCJ, de não permitir investigação política agora. A oposição quer ter um palanque em ano eleitoral. Ora é a CPI dos bingos, ora a do Waldomiro Diniz, agora a de Santo André. Está obsessivo, parecendo música de uma nota só.

Se manobrava, com energia, para evitar investigações de grande potencial explosivo, que lhe comprometiam a imagem, ficava clara para o governo, entretanto, a urgente necessidade de construir uma "agenda positiva" no Congresso. Aquele, ademais, era ano de eleições municipais. O PT precisava minimizar os desgastes.

Março terminara e o governo pouco realizara, engessado por uma crise de origem interna, que crescia sobretudo em decorrência das sérias divisões dentro do PT e pelo fogo amigo, uma vez que as lideranças partidárias mais expressivas se consumiam na fogueira das vaidades. Para agravar o quadro, José Genoíno, presidente do partido à época, jamais teve qualquer domínio sobre as diversas tendências petistas. Na luta de todos contra todos, o PT ficara debilitado.

Os partidos da base, naturalmente, aproveitaram o momento para também tirar casquinha. Até o PL, de Valdemar Costa Neto, exigiria a demissão de Palocci — aliás, num momento em que o ministro mais questionado era Dirceu. Daquele período, contudo, fortalecidos mesmo sairiam alguns caciques do PMDB, mais até do que o próprio partido; entre eles, claro, o senador José Sarney.

A divulgação de uma pesquisa IBOPE — dedicada à confiança dos brasileiros no presidente — deixaria o Planalto ainda mais preocupado. A centralidade de Dirceu na administração cobrava alto preço. Era como se o governo não pudesse funcionar sem ele. E as constantes declarações desastradas de Lula fortaleciam esta interpretação.

Se para José Dirceu, pessoalmente, aquilo era muito positivo, pois o fortalecia em tempos de crise, a fragilidade de Lula naquele momento estimulava até mesmo Fernando Henrique Cardoso — que deixara o governo, em 2002, muito desgastado — a iniciar conversações para se candidatar novamente em 2006.

A paralisia da gestão federal era evidente, e alguns projetos lançados acabariam virando motivo de piada. Um deles, o programa Primeiro Emprego. Criado em novembro de 2003, cinco meses depois gerara, em todo o Brasil, ínfimos 577 empregos. Em quatro estados, Amapá, Acre, Mato Grosso e Rio Grande do Norte, conseguira o incrível feito de não criar sequer uma vaga de trabalho.

Por outro lado, a severa gestão econômica já apresentava alguns resultados e tudo indicava que o PIB cresceria 3%. No Congresso — coisa que só ocorre no Brasil —, eram os parlamentares da oposição os que defendiam a política econômica do governo, enquanto os da base de apoio — inclusive do PT — atacavam aquela administração "conservadora".

Abril seria marcado por uma série de invasões do MST, mobilização que o grupo chamou de "abril vermelho". Os sem-terra reivindicavam a intensificação da reforma agrária. No ano anterior, 36 mil famílias haviam sido assentadas, e Lula prometera multiplicar o número por quatro em 2004. Até então, porém, pouco mais de 10 mil tinham sido contempladas.

Curiosamente, entre 1998-2001, durante o segundo governo FHC, a média fora de 95 mil famílias assentadas por ano.

No meio do mês de maio, os jardins do Palácio da Alvorada e da Granja do Torto ganharam, por determinação da primeira-dama, Marisa Letícia Lula da Silva, novos canteiros de flores vermelhas, e em formato de estrela — símbolo do Partido dos Trabalhadores.

Estabeleceu-se uma polêmica, com protestos por todo lado. O governo quis transferir a responsabilidade para os jardineiros, contratados do governo do Distrito Federal. Mas, em resposta, o porta-voz da Novacap (empresa responsável pela administração da capital) declararia que o trabalho só fora feito porque determinado pela primeira-dama.

O Plano Piloto, onde se localiza o Palácio da Alvorada, é patrimônio cultural da humanidade. Qualquer alteração em seu projeto pressupõe autorização do IPHAN, entre outros órgãos. Um dos criadores de Brasília, o arquiteto Oscar Niemeyer — sempre subserviente aos governantes amigos — preferiria não tratar do imbróglio, antes alegando que, assim acreditava, tudo fora feito "com boa vontade".

Com efeito, o estilo personalista de governar também se manifestaria no Palácio do Planalto, que recebeu uma exposição em que se destacavam fotografias com várias fases da vida de Lula, bem como a caneta que usara no dia da posse e as folhas de seu primeiro discurso.

Enquanto a primeira-dama — que, registre-se, não dera qualquer declaração pública em dezesseis meses de governo — estava preocupada com o jardim, incapaz de distinguir o público do privado (ou partidário), José Dirceu voltava à tona.

Depois de um mês e meio em desgraça, conseguiu reassumir seu papel — ainda que esvaziado, pois a coordenação política passara ao ministro Aldo Rebelo. Lula fez questão de encerrar a crise ao dizer que Dirceu permaneceria no ministério até o último dia de seu governo.

Tudo fora facilitado por Waldomiro Diniz. Presente a uma sessão de CPI na Assembleia Legislativa do Rio de Janeiro, o ex-assessor, como manda o figurino, chorou. Em dado momento do depoimento, aleatoriamente, mas com destino certo, pediria desculpas a todos aqueles que nele confiaram (leia-se José Dirceu) e que "agora são cobrados como se beneficiários fossem dos meus atos".

O capitão do time, como Dirceu era nomeado por Lula, emergiu com a corda toda — e com apoio unânime da direção do PT. Queria reocupar o espaço perdido e isolar Aldo Rebelo no Planalto. Não aceitava ser mero gerente administrativo do governo; queria ter o controle político.

A proposta de aumento do salário mínimo, tradicionalmente anunciada às vésperas do 1º de maio, desagradou algumas lideranças petistas. Um acréscimo de apenas R$ 20, o que o levava a R$ 260 — valor que a Câmara acataria, com 266 votos favoráveis e 166 contrários.

O PFL, porém, propunha R$ 275. Cinco deputados petistas e três do PCdoB votaram com a oposição — a parte vencida. Mas o Senado derrubaria a decisão da Câmara e aprovaria o salário mínimo de R$ 275, derrotando o governo.

A proposta de R$ 260 só sairia vencedora nove semanas depois, a 23 de junho.

Lula estava profundamente irritado com a política de comunicação do governo. Resolveu ele mesmo, portanto, assumir a tarefa. Em um só dia, chegaria a discursar cinco vezes — e sempre de improviso. Compareceu até mesmo ao programa televisivo e popularesco do Ratinho, seu amigo.

Acreditava que fazia um bom governo, e que faltava, pois, apresentar suas realizações, sem atentar para fracassos como o Fome Zero e o Primeiro Emprego, e ignorando a dificuldade em diminuir a taxa de desemprego[30] (prometera criar 10 milhões de postos de trabalho em quatro anos) e a tensão aglutinada pelos movimentos sociais, especialmente o MST. O pouco que avançava no campo econômico era bombardeado sistematicamente pelo próprio PT.

A publicação de um artigo no *New York Times*, de Larry Rother, correspondente do jornal no Brasil, sobre supostos problemas do presidente com bebida causaria um alvoroço. O Planalto decidira expulsar o jornalista do país, mas acabou recuando frente à péssima repercussão do episódio.

Rother acusava Lula de consumir bebidas alcoólicas em excesso. Segundo o correspondente, o "hábito de bebericar do presidente tinha virado preocupação nacional". Era um exagero, evidentemente. Todos sabiam que Lula gostava de beber, mas nunca fora identificado como bêbado, ao contrário de alguns políticos de sucesso, no Brasil ou no mundo.

A reação do governo, no entanto, mais que despropositada, revelava o latente autoritarismo petista. O último presidente a expulsar um jornalista estrangeiro fora Garrastazu Médici, no auge da ditadura. Segundo Rother:

---

[30] É impagável a consideração de Lula sobre o "desemprego" no Império Romano e no Egito Antigo. O pior é que contou com a concordância de seu interlocutor: "Descobri que os faraós construíram aquelas pirâmides — observou — para enfrentar o problema do desemprego. O Império Romano também lidou com o desemprego. E nós aqui achando que é uma questão atual..." BETTO, op. cit., p. 283.

(...) apesar de líderes políticos e jornalistas falarem cada vez mais entre si sobre o consumo de bebidas de Da Silva, poucos estão dispostos a expressar suas suspeitas em público ou oficialmente. Uma exceção é Leonel Brizola, líder do esquerdista PDT, que foi companheiro de Lula na eleição de 1998, mas agora está preocupado que o presidente esteja "destruindo os neurônios de seu cérebro".[31]

Ainda em maio, a Polícia Federal executaria a "Operação Vampiro". O alvo era o Ministério da Saúde. A operação, desencadeada em várias unidades da Federação, tinha o objetivo de desmantelar uma quadrilha que fraudava a compra de medicamentos. Foram cumpridos dezessete mandados de prisão e 42 ordens judiciais de busca e apreensão de documentos e computadores em quatro capitais: Brasília, Rio de Janeiro, São Paulo e Recife.

De acordo com os primeiros levantamentos, a ação fraudulenta causara prejuízo de R$ 2,31 bilhões aos cofres públicos. Entre os

---

[31] O jornalista fez referência a uma observação de Brizola sobre Lula, de 2003. Disse Brizola: "Quando eu fui candidato a vice do Lula, ele bebia muito. Eu alertava que a bebida destilada é perigosa. Ele não me ouviu e, segundo dizem, continua bebendo. A bebida ataca os neurônios e talvez esse seja um dos motivos que o tem levado à capacidade de perder a percepção das coisas." Nas viagens internacionais ou nas reuniões com os partidos da base, diversas vezes Lula se excedeu na bebida. Em março de 2005, em Tóquio, após um jantar na embaixada brasileira, Lula, após o quarto copo de uísque, começou a atacar, com palavras de baixo calão, os dirigentes dos países da América do Sul, isto sem nenhuma razão aparente que pudesse justificar a ira presidencial. A Argentina e seu presidente foram tratados assim: "Tem hora, meus caros, que eu tenho vontade de mandar o Kirchner para a puta que o pariu." Para ele, o "Chile é uma merda. O Chile é uma piada." Jorge Batlle "não é uruguaio porra nenhuma. Aquele lá foi criado nos Estados Unidos. É filhote dos americanos." Tudo isso na presença de diplomatas, convidados, deputados e senadores. Ver NOSSA, Leoncio; SCOLESE, Eduardo. *Viagens com o presidente*: dois repórteres no encalço de Lula do Planalto ao exterior. Rio de Janeiro: Record, 2006. p. 269-271.

denunciados estavam o ministro da Saúde Humberto Costa e o tesoureiro do PT Delúbio Soares. Segundo a Procuradoria Geral da República, os "indícios colhidos pela PF e pelo MPF indicam que ele [Costa] dava respaldo aos atos de corrupção que foram praticados por servidores vinculados a ele, que tinha absoluta consciência e aderiu a esse intento criminoso. Delúbio é um dos beneficiários do esquema".

Nem bem o governo se safara da crise que desgastou Dirceu e das denúncias, ainda frescas, da "Operação Vampiro", e os presidentes da Câmara e do Senado já começavam a articular uma proposta de emenda constitucional que lhes permitiria a reeleição.

Tanto Sarney quanto João Paulo insinuariam ter o apoio do governo. Criou-se um enorme rebuliço nas duas Casas. Afinal, não faltavam candidatos para os postos.

O enfraquecimento de Dirceu abrira espaço à consolidação de Palocci como o principal ministro de Lula. Agora, ele era o capitão do time, merecedor de enorme — e elogioso — espaço na imprensa.

Suas frases feitas e explicações econômicas pueris foram alçadas a tiradas de gênio. Virara, por mais incrível e estranho que pareça, até especialista em Machado de Assis, e escrevia então um livro sobre a história da literatura brasileira. Isso mesmo. Lia, segundo uma reportagem, trinta páginas antes de dormir. Trinta páginas! E estaria lendo, ao mesmo tempo, quatro livros — um incrível devorador de volumes.

Da noite para o dia, Palocci passou a ser considerado um polivalente, misto de médico, economista e literato. E teria também, de acordo com a imprensa, muito interesse em psiquiatria e psicologia. Um verdadeiro Leonardo Da Vinci, só que nascido em Ribeirão Preto. Tudo mera propaganda, claro, mas que, injustamente, pouca atenção dava a outra característica de seu perfil: a de notável bajulador de Lula.[32]

Realizada em 12 de junho, a festa junina na Granja do Torto — organizada por Lula e Marisa Letícia, que comemoravam trinta anos de casamento — teria grande destaque em jornais e revistas, talvez porque impusesse aos convidados, entre os quais muitos ministros, o mico de se fantasiarem de caipiras.

Sempre de olho na mídia, o presidente considerou seu "arraiá" um momento de descontração, por meio do qual sinalizava estar absolutamente tranquilo com os rumos do governo, além de supostamente dar um exemplo de defesa da cultura nacional.

Centenas de militantes do PDT vaiariam Lula durante o velório do ex-governador do Rio de Janeiro Leonel Brizola, morto em 21 de junho. O velho caudilho rompera com o governo no final de 2003. O clima de hostilidade contra o presidente faria com que ficasse apenas cinco minutos no saguão principal do Palácio Guanabara, local onde o corpo era velado. Sob os gritos de "PT traidor", Lula, visivelmente constrangido, passou rapidamente pelo caixão de Brizola e deixou o local pela saída dos fundos.

Os pedetistas tentariam invadir o espaço reservado aos familiares e às personalidades. Queriam agredir o presidente. Houve

---

[32]No seu livro de memórias, sobre sua atuação no Ministério da Fazenda, escreveu: "Ao descer do avião, Lula já ganhou de presente do coordenador da feira, Sérgio Magalhães, um colete de produtor rural que, por sinal, lhe caiu muito bem." (Ver PALOCCI, op. cit., p. 26.)

um princípio de tumulto entre os manifestantes e a segurança presidencial. Na saída, Lula ainda teria de ouvir os brizolistas cantarem o refrão do samba "Vou festejar":[33] "Você pagou com traição / A quem sempre lhe deu a mão."

Início de julho de 2004, e o PT já mirava as eleições presidenciais de 2006. Muito antes de Lula completar a metade do mandato, a direção partidária iniciava as tratativas para montar a chapa presidencial que concorreria à reeleição. A cabeça de José Alencar, o vice, estava a prêmio. E o PL não era considerado confiável.

O PMDB entrara no governo, mas continuava, para o PT, como um parceiro em busca de voo próprio, como ocorreria na eleição municipal de São Paulo, em outubro, na qual Michel Temer sairia candidato como vice de Luiza Erundina, numa aliança entre PSB e o PMDB.

O PT havia se aproximado do PTB e estimulava a migração de deputados, senadores e governadores, das mais diversas siglas, para o partido presidido por Roberto Jefferson. O plano era transformar o PTB na segunda maior bancada da Câmara. Lula, por exemplo, incentivara Ciro Gomes, seu ministro da Integração Nacional, a sair do PPS e ir para o PTB, transferindo seu domicílio eleitoral para o Rio de Janeiro, onde seria seu candidato ao governo estadual em 2006.

Nesta época, a relação entre Lula e Jefferson era como a de grandes amigos. A propósito, o presidente chegaria a declarar: "Eu sou capaz de dar ao Roberto Jefferson um cheque em branco e dormir tranquilo."

---

[33] Música composta por Jorge Aragão, Neoci e Dida, sucesso na voz de Beth Carvalho.

A aliança seguiria o roteiro do acordo petista com o PL, em 2002. O PT comprou o PTB por R$ 10 milhões. O PTB tinha 52 deputados. O compromisso era entregar R$ 150 mil a cada um, perfazendo R$ 8 milhões. Os outros R$ 2 milhões teriam a direção de Salvador e Recife, onde o partido tinha fortes candidatos à prefeitura.

O acordo foi selado em um jantar no apartamento de Jefferson, com a presença de Lula e dezenas de deputados petebistas. A harmonia era tão grande entre os convivas que o presidente até cantaria, em dueto com Jefferson, o antigo sucesso de Altemar Dutra, "Sentimental demais".[34]

Meses mais tarde, os deputados começariam reclamar. A promessa não fora cumprida. E eles nada haviam recebido. Note-se que nenhum protestava contra a venda do partido.

Pouco depois, viria à tona nova "compra". O PSDC, em Osasco, teria sido "adquirido" — por R$ 500 mil — pelo PT, que, parece, tomara gosto pelo processo.

Em agosto, o governador de Roraima, Flamarion Portela, foi cassado pelo Tribunal Superior Eleitoral (TSE) por abuso de poder político e econômico durante a campanha pela reeleição, em 2002.

Ele era acusado pelo Ministério Público Eleitoral de tentar se promover por meio de programas de cunho social. O PT, nesses tempos de poder, passaria a ter de conviver, simultaneamente, com a legislação eleitoral e o Código Penal.

Apesar de ainda um tanto encantada, a imprensa denunciava as lambanças financeiras de membros do governo e do próprio PT.

---

[34]Ver CABRAL, op. cit., p. 221-222.

Luiz Augusto Candiotta, diretor de Política Monetária do Banco Central, fora acusado de omitir uma conta, no exterior, que teria movimentado mais de US$ 1 milhão em três anos. Acabaria tendo de se demitir.

Henrique Meirelles, por sua vez, teria ignorado, na declaração de bens, parte de seus rendimentos no exterior. Ele logo receberia o status de ministro — mesmo na presidência do BC — para evitar problemas judiciais.

Muitas denúncias tinham como origem a polêmica CPI do Banestado, cujo relator, o petista José Mentor, seria acusado de usar os dados recolhidos na investigação para supostamente extorquir empresários.

O grande assunto de agosto, porém, foi o triste papel desempenhado pelo Banco do Brasil, que adquirira, a R$ 1 mil cada, setenta mesas para um show de Zezé di Camargo e Luciano na churrascaria Porcão, em Brasília. Estranho, sim. Inadequado. Mas ainda não grave.

Ocorre que o evento era destinado a recolher fundos à compra da nova sede do PT em São Paulo. Ou seja, um banco estatal financiava o partido no governo. Foi um escândalo, embora, diga-se, pequeno se comparado ao que a CPI dos Correios revelaria no ano seguinte.

Aquele conjunto de denúncias minava progressivamente o figurino ético construído pelo PT ao longo de vinte anos.

Lula, porém, sempre buscava o caminho mais fácil. Assim, imputaria os escândalos a "intrigas" e "futricas". José Dirceu, de sua parte, preferiria dizer que tudo não passava de "acusações infundadas", "que beiram o denuncismo".

Paralelamente, e não à toa, os petistas prepararam um projeto de lei que propunha criar um Conselho Federal de Jornalismo — para "orientar, disciplinar, fiscalizar" a atividade dos jornalistas. Previa-se também a existência de um código de condutas, assim como penas disciplinares.

O texto era absolutamente autoritário e chegara ao cúmulo de dar ao futuro conselho a possibilidade de resolver as penalidades de casos omissos na proposta. A ideia era essa mesmo: estabelecer uma ditadura liderada por um colegiado, a ser evidentemente formado por jornalistas petistas. A forte rejeição ao projeto, contudo, faria com que o governo o deixasse em banho-maria na Câmara, mas sempre ameaçando recolocá-lo em discussão — como uma espécie de espada de Dâmocles sobre a imprensa livre — toda vez que se sentisse incomodado pelo jornalismo independente.

Lula chegaria a censurar publicamente os que criticavam a proposta. Em visita ao Gabão, dirigiu-se aos jornalistas nesses termos: "Vocês são um bando de covardes mesmo, hein?"

Durante toda a campanha eleitoral de 2004, poucas questões chamaram mais a atenção do que os gastos do PT, inicialmente estimados em R$ 100 milhões. Ninguém sabia explicar, à época, de onde vinha tanto dinheiro. Mas já eram tempos de vacas gordas, especialmente para os marqueteiros, e mais ainda para Duda Mendonça.

Os militantes haviam desaparecido; em seu lugar, surgiram cabos eleitorais pagos com recursos de origem duvidosa. A desproporção era tamanha que, somados, PSDB, PFL e PMDB gastariam menos que o PT: R$ 90 milhões. Só em São Paulo, a campanha de Marta Suplicy contratara 4 mil cabos eleitorais, que deveriam ir de casa em casa para panfletar.

Em outubro, o vereador carioca Jorge Babu, do PT, foi preso pela Polícia Federal, em uma rinha de galo, junto com Duda Mendonça. O publicitário então telefonaria para o ministro da Justiça, disposto a dar uma "carteirada" — mas sem sucesso.

O episódio gerou polêmica e discussão sobre crueldades contra animais em práticas de diversão humana, como touradas, vaquejadas, circos, parques aquáticos etc. Duda e os outros acusados pagaram fiança de R$ 1 mil e conseguiram a liberdade provisória.

Babu foi expulso do PT municipal, mas recorreu à executiva regional — que nada decidiria. Permaneceu, portanto, no partido, pelo qual se elegeria deputado estadual em 2006. Sua excelência, suspeito, então, de comandar uma milícia na zona oeste do Rio de Janeiro, declarou: "O que eu não queria era ser expulso do PT, do partido pelo qual sou apaixonado. Queria tempo para me defender, eu quero ser investigado. Não sou miliciano."

Nas eleições municipais, o PT elegeu 411 prefeitos. Mas perdeu em duas capitais importantes, onde detinha as prefeituras: São Paulo e Porto Alegre. Como consequência da campanha mais cara da história do partido, a direção petista esperava eleger oitocentos prefeitos. Ficou com a metade.

O PMDB conquistara o maior número de prefeituras e de cadeiras nos legislativos municipais. Mesmo assim, perdia espaço. Ao todo, elegeu 1.045 prefeitos no primeiro turno, contra 1.257 em 2000.

O segundo colocado fora o PSDB. Em relação a 2000, contudo, também os tucanos elegiam menos: 859 então, contra 990 de quatro anos antes. Em terceiro lugar, ficara o PFL, com 785 prefeitos.

No mais importante centro político e financeiro do país, São Paulo, o PT perdeu para o PSDB. Candidata à reeleição, Marta Suplicy tivera, no primeiro turno, 35,8% dos votos, contra 43,5% de seu opositor, José Serra — uma diferença de 7,7 pontos percentuais pró-oposição. No segundo turno, depois de uma dura disputa, Serra confirmaria a vitória: 54,86% a 45,14% — vantagem de 9,72%.

Ainda que com derrotas amargas em grandes centros urbanos, o PT obtinha, de modo geral, um triunfo organizacional: o partido recebera votos consistentes em todas as partes do Brasil, e os candidatos petistas obtiveram êxito nos grotões, nas cidades médias e nas capitais do Norte-Nordeste.

Embora sem sequer se aproximar da meta de oitocentas prefeituras, o PT mais do que dobrara o número conquistado em 2000: de 187 para as já referidas 411. Pela primeira vez também, registre-se, o PT fora o partido mais votado somando-se as eleições no conjunto dos municípios, no primeiro e no segundo turno.

Em novembro, mais um petista teria problemas com a polícia. O prefeito reeleito de Macapá, João Henrique Pimentel, foi preso — pela Polícia Federal — em Santarém, no Pará. A prisão, decretada pelo Tribunal Regional Federal daquele estado, compunha a "Operação Pororoca", desencadeada pela PF e que já levara 31 pessoas à cadeia.

Pimentel era acusado de envolvimento em irregularidades em licitações públicas. Segundo a PF, R$ 103 milhões poderiam ter sido desviados dos cofres públicos pela quadrilha.

Em meio às turbulências político-eleitorais, quase passou despercebida a queda do titular da Defesa José Viegas. O ministro estava desgastado, especialmente pelas notícias, plantadas na imprensa, dos gastos do ministério com festas. A compra de oitocentos quilos de camarão, de uma só vez, virara motivo de piada em Brasília. Além disso, sua esposa usava um jipe privativo do ministério para se deslocar na capital.

O estopim, porém, seria a ação do comandante do Exército, general Francisco Albuquerque, quando da divulgação de uma foto apócrifa de Vladimir Herzog nas dependências do então II Exército. Ele publicou uma nota que eximia o Exército de responsabilidade pelo assassinato do jornalista e ainda apresentou uma justificativa para a repressão da ditadura.

Era claro gesto de insubordinação, que não teria maiores consequências políticas, senão pela queda do ministro e, sobretudo, pela designação de seu substituto — a pior opção possível: José Alencar, o vice-presidente, que desconhecia absolutamente tudo sobre a pasta que assumia. Foi também a primeira vez na história republicana que um vice-presidente acumulou a chefia de um ministério.

O ano de 2004 acabaria sendo melhor para Lula do que 2003. Os resultados ainda estavam muito distantes das promessas eleitorais. Mesmo assim, o governo obtivera alguns êxitos. No campo econômico, conseguiu uniformizar o discurso, algo facilitado após a saída de Carlos Lessa da presidência do BNDES.

Ademais, seguindo característica do PT, o presidente conseguira transformar, pessoalmente, pequenas vitórias em momentos gloriosos, verdadeiros marcos históricos. Se a política de comunicação social ainda não adquirira a eficácia de anos posteriores, já era então possível identificar os primeiros sinais do ufanismo lulista, assemelhado ao do regime militar, que investia em slogans como "Eu sou brasileiro e não desisto nunca".

Lula alcançava a metade do mandato falando muito e realizando pouco. O PT, sob absoluto controle de José Dirceu, estava satisfeito, locupletando-se do poder. E a vida brasiliense seguia, como em outros governos, criando celebridades políticas a serem logo esquecidas.

Segundo o Datafolha, o governo fechava o ano com a avaliação positiva — bom e ótimo — de 45% dos entrevistados; dois pontos a menos que FHC em 1996. Naquela altura, tudo indicava que Lula seria simplesmente mais um presidente a passar por Brasília.

2005

Em fevereiro de 2013, o PT aproveitaria a comemoração de mais um aniversário para fazer uma exposição na Câmara dos Deputados, onde amplo painel apresentava uma linha do tempo com a história do partido. Sintomaticamente, o ano de 2005 fora suprimido: a 2004, sem qualquer explicação, seguia-se um salto para 2006. Não era para menos...

Dois mil e cinco começou — e mal — com as eleições para as presidências do Senado e da Câmara, que, diferentemente de 2003, seriam nada tranquilas.

Desta vez, houve, no Senado, uma tentativa fracassada de reeleição do presidente. Sarney articulara uma emenda que o permitiria manter-se por mais dois anos à frente da Casa — e incluíra a Câmara no pacote continuísta. A proposta, porém, foi derrubada e Renan Calheiros elegeu-se — quase aclamado — presidente, pois sem opositor.

Já na Câmara, o governo sofreria uma grande derrota — a primeira do ano, demonstração inequívoca de uma articulação política capenga. O candidato do Planalto, Luiz Eduardo Greenhalgh, deputado de primeira viagem e muito pouco conhecido de seus pares, era considerado antipático. Ainda assim, dava a impressão de que venceria com facilidade, escorado no fato de que a base governista contava com 377 parlamentares.

Ledo engano. Greenhalgh obteria 207 votos, longe de alcançar a maioria necessária: 257. Encontrou oposição no baixo clero, que apoiara Severino Cavalcanti e lhe dera 124 votos — uma votação surpreendente.

Parte da dificuldade do Planalto tinha origem no próprio PT. Virgílio Guimarães, petista de Minas Gerais, que se julgava preterido pela direção partidária (ganhara a eleição interna, entre os deputados do partido, com 47 votos; Greenhalgh ficara em terceiro, com 39), bancou sua candidatura e conseguiu 117 votos. Sua campanha se destacaria pelas garotas que contratara e que abordavam os deputados vestindo camisetas com "Virgílio" estampado em letras grandes e de modo que os pingos nos dois "is" coincidissem com o bico dos seios das *virgiletes*.

A oposição — já que Severino também apoiava o governo — indicara o deputado baiano José Carlos Aleluia (PFL), que recebeu 53 votos. (Jair Bolsonaro levaria dois, mas sequer fizera campanha.)

Sem que qualquer candidato tivesse chegado, portanto, ao mínimo de votos necessário para se eleger em primeiro turno, uma nova votação impunha-se — então, apenas com os dois mais votados. E aí ocorreu a grande surpresa: numa sessão tumultuada e longuíssima (doze horas), Severino Cavalcanti venceria, por 300 a 195 — a primeira vez que o indicado de um presidente da República perdia uma eleição para a presidência da Câmara.

Poderia até ser um bom sinal; uma demonstração de independência do Legislativo. Mas não foi o caso.

Não passaria muito tempo até que aparecessem os primeiros desmandos de Severino Cavalcanti, logo empenhado num festival de benesses destinado a satisfazer os seus. Queria, por exemplo, controlar uma diretoria da Petrobras — e não qualquer uma: com a singeleza de um salteador, pediu a "que fura poço". Virou, claro, motivo de chacota nacional.

Quis também — sem sucesso — um ministério para um apaniguado. A recusa de Lula, no entanto, não se devera a motivos éticos, mas ao fato de saber que Severino não tinha condições para um voo político próprio e que, portanto, logo teria de se acomodar a um "acerto" — que o presidente queria que se desse nos termos definidos pelo Planalto, sem margem à imposição do deputado.

Na Câmara, contudo, Severino não criaria qualquer problema para o governo — e isto era o que importava a Lula.

Num breve ajuste ministerial de início de ano, o presidente preferiu manter a Previdência Social com o PMDB. Trocou somente o ministro: Amir Lando por Romero Jucá. No Planejamento, para o lugar de Guido Mantega, que assumira a presidência do BNDES, nomeou Paulo Bernardo, petista do Paraná.

Em abril, o governo não renovaria o acordo com o FMI, que vinha desde 2002, na Presidência de FHC. Com a melhoria dos indicadores econômicos, tornara-se desnecessária a cobertura do Fundo. Foi uma vitória — mais simbólica do que econômica — muito bem capitalizada pelo governo.

Afinal, o FMI sempre representou, na simbologia política brasileira, o "imperialismo", o agente externo que movia, como em um teatro de marionetes, o ministro-boneco.

A manutenção dos pilares econômicos da administração anterior permitiu que a dívida externa diminuísse sensivelmente em relação ao PIB. Em outra frente, aumentaram as exportações — sobretudo graças ao importante papel representado pelo mercado chinês — e as reservas internacionais.

O Brasil ainda teria de pagar US$ 23 bilhões ao FMI (era o maior devedor do Fundo), mas a não renovação do acordo dava um novo alento ao governo, que assim fechava o primeiro trimestre em condições favoráveis, a despeito de algumas turbulências políticas.

A calmaria, entretanto, teria curta duração. No sábado, 14 de maio, chegou às bancas a edição nº 1.905 da revista *Veja*, que trazia uma reportagem destinada a ser o estopim de um dos maiores escândalos da República: Maurício Marinho, funcionário dos Correios, teria cobrado R$ 3 mil de uma empresa interessada em participar de uma licitação.

A extorsão fora gravada. Nela, Marinho afirmava que sua ação tinha o respaldo do deputado federal Roberto Jefferson (RJ), presidente nacional do PTB. Seria o grande assunto político do fim de semana.

No domingo, a Executiva Nacional do partido divulgou nota em que declarava plena confiança em Jefferson. Na segunda-feira, no programa *Roda Viva*, da TV Cultura, José Dirceu sustentou que não havia necessidade de prestar solidariedade ao comandante do PTB e que não concordava com a criação de CPI para tratar do caso.

No mesmo dia, porém, parlamentares oposicionistas começaram a recolher assinaturas para instalar a Comissão — precisavam de 171 de deputados e de 27 de senadores — e o Ministério Público Federal instaurou inquérito para apurar as denúncias.

Acuado, Roberto Jefferson partiria para a ofensiva. Estava progressivamente irritado. Mas ainda não encontrara o tom. Na terça, 17 de maio, foi à tribuna da Câmara, declarou-se vítima de chantagem e disse que assinaria o pedido de CPI — o que, de fato, não fez. Paralelamente, continuava célere a coleta de subscrições para a abertura da Comissão — lista que já contava com treze deputados do PT. O vice-presidente José Alencar, aliás, falou que, se estivesse no Senado, também a assinaria.

José Genoíno, por sua vez, remava em sentido contrário. Articulou para impedir a CPI e argumentou contra sua necessidade com um argumento notável: o Planalto, por si só, tomaria as providências necessárias para apurar os eventuais crimes.

Em almoço com líderes do governo no Congresso, Lula, para acalmar os ânimos, manifestou-se solidário ao presidente do PTB e afirmou que o deputado era "inocente até que se prove o contrário".

No final daquele mesmo dia, Jefferson divulgaria carta de Marinho com nova versão para os R$ 3 mil de propina: representariam um adiantamento de uma consultoria, pois necessitava "auferir ganhos para o melhor sustento" de sua família.

A crescente insatisfação de Roberto Jefferson com o governo era anterior à revelação do episódio dos Correios por *Veja* e decorria fundamentalmente da dificuldade de "arrecadação de recursos" para seu partido. O PTB, por exemplo, indicara um diretor para o DNIT (Departamento Nacional de Infraestrutura de Transportes), mas isso não significava sucesso automático:

> Um dia ele pagou uma fatura enorme a um fornecedor. Quando foi conversar sobre a possibilidade de uma contribuição para o PTB, a turma do PT já tinha corrido na frente. Como a estrutura inferior era toda do PT, eles já tinham feito a arrecadação antes, porque sabiam que ia sair o pagamento. E tudo ia para o Delúbio e o Marcos Valério.

Ao monopolizar a arrecadação de recursos advindos de ações antirrepublicanas, o partido do governo criava grandes dificuldades para o PTB.[35] O mesmo ocorria nos Correios e no Instituto de Resseguros do Brasil, e Jefferson reclamava não ter conseguido "que um empresário sequer fizesse doações ao PTB, porque todos já tinham sido abordados pela gente do PT, que ocupava os cargos estratégicos da empresa".

Na quarta-feira, 18 de maio, a efetiva mobilização dos líderes oposicionistas permitiu que fosse protocolado o pedido de CPMI. O número de assinaturas colhidas em muito superava o mínimo necessário: expressivos 46 senadores e 230 deputados.

O governo, em resposta, pressionaria parlamentares da base a retirar seus nomes, para tanto recorrendo ao vale-tudo tão característico da relação entre Executivo e Congresso. Lula declarou que a Polícia Federal poderia investigar as denúncias e que a CPI era desnecessária, e fez questão de mostrar que não negociaria favores em troca da retirada das assinaturas. Mentia.

As pressões resultariam, afinal, na retirada de doze nomes de deputados. Ainda assim, o quórum mínimo se mantinha superado com folga. No Senado, curiosamente, o rolo compressor governista teria efeito inverso e, sem qualquer defecção, mais três senadores subscreveriam o pedido de CPI.

Naquele turbilhão, o Partido Verde se desligara da base governista; PSDB, através de Fernando Henrique Cardoso, declarara que o governo Lula estava acuado "por um conjunto de denúncias

---

[35]Ver JEFFERSON, op. cit., p. 172, 209 e 253.

extremamente graves"; e o Diretório Nacional do PT, em reunião tensa, aprovara — por 47 votos a 19 — uma resolução segundo a qual a bancada do partido no Congresso não poderia apoiar a criação da CPI.

Dois fatos aparentemente banais se tornariam importantes no desenrolar da crise. O primeiro, um jantar, a 20 de maio, entre Antonio Palocci e o presidente do Senado. Não pelos convivas, mas pela declaração do ministro da Fazenda de que temia que a CPI pudesse gerar turbulências na economia.

Aquela fala viraria, nos meses seguintes, um mantra — que anestesiaria inclusive a oposição.

O segundo fato seria uma afirmação do ministro da Articulação Política, Aldo Rebelo, que acusou a oposição de organizar um golpe, criando clima semelhante ao de agosto de 1954, que levou Getúlio Vargas ao suicídio.

Era a primeira vez que surgia a "interpretação" segundo a qual a "direita" estaria organizando um golpe, de modo que as denúncias de corrupção, portanto, não passariam de cortina de fumaça destinada a encobrir suas verdadeiras intenções.

Lula esteve no Oriente — na Coreia do Sul e no Japão — entre os dias 24 e 28 de maio. Chegara a pensar em não viajar, dado o tamanho da crise política. Acabou indo, embora cinco ministros que originalmente o acompanhariam tenham permanecido em Brasília com a tarefa de apagar os incêndios.

O indiciamento de Maurício Marinho pela PF — pelos crimes de corrupção passiva e fraude em licitações — seria mais uma tentativa, afinal fracassada, de frear a CPI.

O PTB decidiu entregar os cargos que tinha no governo, e Roberto Jefferson comparou o PT ao escorpião da fábula, aquele que aceitara transportar o sapo às costas, na travessia do rio, mas que, devido a seus instintos, acabaria por mordê-lo, disso resultando a morte de ambos. Disse, com seu estilo histriônico, que o PTB era o sapo da história.

No Oriente, Lula continuava mais preocupado com a CPI do que com sua agenda oficial de viagem. Sempre atento, sentira no ar o cheiro de desgaste governamental. Ligou, então, para líderes da base, aos quais cobrou que insistissem na retirada das assinaturas. Com a outra mão, pediu a Severino Cavalcanti que instalasse outra CPI, a do setor elétrico. O objetivo era tentar minar Fernando Henrique Cardoso e ainda desviar a atenção do escândalo dos Correios.

Pouco adiantaria: a 25 de maio, numa sessão conturbada, que passou da meia-noite, a CPI dos Correios foi estabelecida.

Pouco antes, o senador petista Eduardo Suplicy, chorando, disse, do alto da tribuna, que assinaria o requerimento, diversamente do que anunciara pela manhã, assim contrariando a determinação do partido. O ministro José Dirceu, em entrevista ao *Jornal Nacional*, da Rede Globo, criticaria duramente os parlamentares da base governista — especialmente os do PT — que apoiaram a criação da CPI: "Lugar de quem faz oposição ao governo é a oposição. Tem de buscar outro partido."

Em retaliação evidente, Suplicy foi retirado da chapa da tendência petista Campo Majoritário, que concorreria à direção do partido. Mais uma vez, aceitou passivamente a humilhação.

Lula também responsabilizaria os partidos da base, principalmente PT e PCdoB, e acusaria a oposição de querer antecipar a sucessão presidencial.

No retorno ao Brasil, convocou uma reunião de emergência na Granja do Torto, com ministros e aliados, para elaborar uma estratégia de atuação na (e contra) a CPI. Do encontro surgiram algumas propostas para controlá-la, por meio da indicação do presidente e do relator. Paralelamente, outro encaminhamento seria o de tentar inviabilizar sua instalação na Comissão de Constituição e Justiça.

João Paulo Cunha foi um dos designados à operação de sabotagem. Declarou que a "Câmara não vai compartilhar com essa ideia de fazer política eleitoral com antecedência", e que "não vai haver CPI."

No programa oficial "Café com o presidente", Lula falaria: "Quem estiver torcendo para o fracasso do Brasil vai quebrar a cara." Ardilosamente, desviava-se da questão central — a corrupção — para um suposto fracasso do país e, dentro da tradição autoritária nacional, associava seu governo ao próprio Brasil, de modo que uma crítica à administração federal seria ato antipatriótico.

As manobras patrocinadas pelo Palácio do Planalto não obtinham êxito. E a situação ficaria ainda pior para o governo no último final de semana de maio. Novas denúncias — publicadas na *Veja* e na *Folha de S.Paulo* — sobre contratos milionários de empresas beneficiadas pelo esquema do PTB (na Infraero, em Furnas, na Eletronuclear e nos Correios) agravaram o quadro.

Seria recebida até com naturalidade, portanto, uma pesquisa do Instituto Sensus segundo a qual 50% dos brasileiros sabiam do escândalo dos Correios, metade dos quais achavam que a corrupção aumentara na gestão do PT.

Mesmo assim, simulações sobre a sucessão presidencial de 2006 davam a Lula o primeiro lugar nas intenções de voto.

A primeira semana de junho seria marcada pelo vai e vem em torno da CPI. O governo fez de tudo para impedi-la. Sem sucesso, porém, passou a pressionar os parlamentares, ao menos para garantir uma composição confiável. O PT chegaria a ameaçar seus parlamentares dissidentes com a retirada do direito de concorrer nas eleições de 2006.

Dentro da tradição de cooptação do Congresso, o Planalto prometeu liberar R$ 400 milhões em emendas para os parlamentares — cifra elevadíssima, sobretudo se considerado que, nos cinco primeiros meses do ano, o governo investira, somados todos os ministérios, R$ 271 milhões.

Uma nova pesquisa do Datafolha foi publicada no sábado, 5 de junho. Sessenta e cinco por cento dos entrevistados consideravam o governo Lula corrupto, e 59% acreditavam que o presidente abandonara a maioria das ideias que tinha antes de eleito.

O pior, porém, estava ainda por vir. No dia seguinte, a *Folha de S.Paulo* publicaria uma entrevista — uma verdadeira bomba — de Roberto Jefferson, em que afirmava, sem meios-termos, ter recebido de Delúbio Soares, tesoureiro do PT, uma proposta de mesada para os deputados da base. De acordo com Jefferson, parlamentares do PP e do PL recebiam, cada um, R$ 30 mil em troca de apoio político. Seria — o termo é dele — o mensalão.[36]

O presidente do PTB teria, então, falado da oferta de Delúbio aos ministros José Dirceu, Aldo Rebelo, Ciro Gomes, Miro Teixeira e Walfrido Mares Guia. Teria também comunicado o fato a Lula, que, de acordo com Jefferson, diante da notícia, chorou.

Roberto Jefferson sabia da gravidade das denúncias e fez questão de afirmar que não estava preocupado em manter o mandato: "Só não vou sair disso como um canalha, porque não sou."

As reações foram imediatas. José Genoíno disse desconhecer o mensalão. Miro e Ciro, no entanto, confirmariam o relato de Jefferson: Lula fora avisado, sim, mas supusera que tudo não passava de mera boataria. Marconi Perillo (PSDB), governador de Goiás, referendou a tese e acrescentou que ele próprio falara

---

[36] O termo mensalão apareceu pela primeira vez na imprensa no *Jornal do Brasil*, numa reportagem publicada na edição de 24 de setembro de 2004. Miro Teixeira, então líder do governo na Câmara, teria ouvido que deputados recebiam uma mesada. De acordo com a reportagem, "o governo montou no Congresso um esquema de distribuição de verbas e cargos para premiar partidos fiéis ao Planalto. Chama-se 'mensalão'". Miro voltou atrás, e nenhum parlamentar quis assumir a denúncia. João Paulo, presidente da Câmara, indignado, disse que entraria na justiça exigindo direito de resposta e que processaria os jornalistas autores da reportagem por danos morais: "Ao avistar um deles no Salão Verde do Congresso, brindou a pequena plateia com o espetáculo da ira sagrada. Dedo em riste, berrou que os autores da afronta seriam condenados por calúnia." (NUNES, Augusto. *A esperança estilhaçada*. Crônica da crise que abalou o PT e o governo Lula. São Paulo: Planeta, 2005. p. 27.) Segundo o líder do PTB, João Paulo Cunha "pediu a convocação de uma comissão de sindicância na Câmara, que começou às dez da manhã e foi encerrada quarenta minutos depois. A verdade é que a Câmara engavetou a denúncia, sem investigar o pagamento de mesada a parlamentares. O caso foi encerrado sem que um único depoimento fosse tomado ou qualquer documento examinado" (JEFFERSON, op. cit., p. 242).

ao presidente sobre a tentativa de cooptar deputados da oposição com a promessa de mesada de R$ 40 mil, além de "bônus" de R$ 1 milhão. E mais: teria avisado Lula ainda em maio de 2004.

Rebelo, por sua vez, declarou que Lula sabia do caso desde março de 2005, mas que as acusações, no entanto, não envolviam o governo. Em resumo: o presidente da República tinha ciência do mensalão, mas não tomara qualquer providência saneadora — isto, claro, na hipótese de que não fosse o grande partícipe do esquema, tendo pleno conhecimento dos fatos e, pois, prescindindo de ser avisado a respeito.

Diversamente do que se espera de um partido oposicionista — basta imaginar o que faria o PT se estivesse, nesta conjuntura, na oposição —, líderes do PSDB recomendaram moderação. Aécio Neves, governador de Minas Gerais, falou que Lula tinha uma biografia respeitável e que "não era Collor".

A resposta à declaração suave de Aécio seria dada, sem dó, por parlamentares petistas, que iniciaram o recolhimento de assinaturas para uma CPI destinada a dar o "troco" e investigar a compra de votos que teria resultado na aprovação da emenda da reeleição, em 1997.

Os petistas, afinal, não estavam preocupados com a biografia de FHC...

A tentativa de derrubar a constitucionalidade da CPMI na Comissão de Constituição e Justiça fracassaria. Assim, a base do governo foi obrigada a indicar parlamentares para integrá-la — isto depois de uma ameaça do presidente do Senado, Renan Calheiros, de que, caso não o fizesse, ele mesmo nomearia os componentes da CPMI. No total, teria 32 integrantes: dezenove governistas e treze oposicionistas

O Conselho de Ética da Câmara instaurou processo contra o deputado Roberto Jefferson, por solicitação do PL. O presidente do PTB mostrava-se tranquilo, embora permanecesse recluso em seu apartamento em Brasília. Como em uma comédia italiana, seria visto — melhor dizendo, ouvido — cantando, a plenos pulmões, *Con te partirò* e *Torna a Surriento*. Não parecia preocupado.

A 7 de junho, na abertura do 4º Fórum Global de Combate à Corrupção, realizado em Brasília, Lula tentaria fazer um discurso incisivo. Afirmou então que, se necessário, cortaria "na própria carne". E disse que "iria levar as investigações até as últimas consequências". Puro teatro mambembe.

Numa ação orquestrada, em São Paulo, na sede nacional do PT, Delúbio Soares se defendeu e negou todas as acusações, recebendo o apoio da direção partidária e a chancela oficial para permanecer no comando da tesouraria petista.

Em 9 de junho, finalmente, a CPMI seria instalada. A sessão — tumultuada do começo ao fim — foi presidida pelo senador Jefferson Peres (PDT-AM). Os governistas, maioria na comissão, indicaram o senador Delcídio Amaral (PT-MS) para a presidência e o deputado Osmar Serraglio (PMDB-PR) para a relatoria, mas a eleição só ocorreria na semana seguinte.

A 11 de junho, Roberto Jefferson voltaria à carga. Em nova entrevista à *Folha de S.Paulo*, dava mais detalhes sobre o funcionamento do mensalão, de que Delúbio Soares seria o coordenador. Pela primeira vez citou-se o nome de Marcos Valério, publicitário mineiro, como operador do esquema.

A secretária de Valério, Fernanda Karina Somaggio, logo faria novas revelações a respeito, entre as quais a de que seu patrão tinha contatos frequentes com líderes do PT, especialmente Delúbio Soares, José Genoíno e Sílvio Pereira. E mais: ela vira malas recheadas de dinheiro e contara que os recursos do esquema provinham, na maioria das vezes, do Banco Rural.

A propósito, Jefferson relataria que Pedro Henry "chegou a mostrar uma mala cheia de dinheiro, repassado pelo Delúbio, para deputados do PTB: 'Aqui tem, não vão querer'?"[37]

O grande momento da semana, no entanto, seria o depoimento de Roberto Jefferson ao Conselho de Ética da Câmara. Um verdadeiro show, em que explicou o funcionamento do mensalão e deu nomes aos bois, afinal colocando no centro do esquema o ministro José Dirceu — que chamaria de Rasputin.

Ficaria célebre seu conselho — dado ao vivo, em rede nacional — para que o chefe da Casa Civil se demitisse: "Zé Dirceu, se você não sair daí rápido, você vai fazer réu um homem inocente, que é o presidente Lula." A conclusão, em tom teatral, seria enfática: "Rápido, saí daí rápido, Zé."

Ainda no depoimento, Jefferson expôs que o pagamento aos parlamentares teria cessado após sua denúncia a Lula: "Sei que de lá para cá, secou. O que eu sei é que as coisas pararam aqui nesta Casa. Os passarinhos estão todos de biquinho aberto. É síndrome de abstinência."

---
[37]JEFFERSON, op. cit., p. 250.

Citou também Marcos Valério, um desconhecido: "Ele é todo carequinha e fala em milhões ou bilhões como se dinheiro nascesse como capim. Vocês ainda vão ouvir falar muito nesse carequinha de Minas."

O retrato que fez de Delúbio Soares era exemplar: "Cheio de melindres e de tato para falar comigo. Com aquele jeitão de goiano do interior, disse que gostaria de ajudar a desencravar uma unha que pudesse haver. Desencravar uma unha, foi essa a expressão que ele usou. Disse que faria alguns repasses para o PTB."

Ao exibir rara coragem, Roberto Jefferson travaria debates duros com alguns mensaleiros. Ao vivo para todo o país, em público, dava sequência ao processo — único na história política brasileira — de um lento suicídio político, amealhando a simpatia daqueles que desejavam ética e republicanismo.

O senador Pedro Simon interpretaria bem este sentimento ao afirmar: "Foi a peça mais bonita que vi em toda a minha vida no Congresso Nacional. (...) Se contares mais as outras coisas que souberes, estarás prestando um bom serviço a esse país."

A 15 de junho, a CPMI elegeu seu presidente. Delcídio Amaral venceu César Borges (PFL-BA) por dezessete votos a quinze. Para relator, foi eleito Osmar Serraglio.

Um dia depois, José Dirceu seria obrigado a deixar a Casa Civil. Ainda que resistente, não suportara as pressões, especialmente após o devastador depoimento de Roberto Jefferson ao Conselho de Ética.

Buscou, no entanto, transformar a derrota em vitória: "Tenho as mãos limpas, o coração sem amargura e tenho a mente sempre colocada naquilo por que sempre lutei, que é pelo povo brasileiro. Por isso, saio de cabeça erguida do ministério. Quero repetir:

continuo no governo, como deputado da base de sustentação do governo, e continuo no governo porque sou PT."

Quis transformar o escândalo de corrupção em perseguição ideológica: "A elite reacionária quer derrubar o governo socialista e popular do presidente Lula." E falou que iria "percorrer o país para mobilizar os militantes do PT, os movimentos sociais e as entidades sindicais". Mentiu, pois nada faria.

Para dar um "ar revolucionário" ao discurso, dirigiu-se à nova titular da Casa Civil, Dilma Rousseff, saudando-a como "companheira de armas". Assim, conseguiria cometer, em dezoito letras, dois erros: o primeiro, ele nunca participou de qualquer ação guerrilheira, pois ou estava em Cuba, ou em Cruzeiro do Oeste, no Paraná, onde permaneceria por cinco anos, sobrevivendo graças ao esforço cotidiano de sua companheira, proprietária de uma pequena loja; o segundo, a ministra, segundo esclareceu diversas vezes, era um quadro teórico de sua organização, sem participar diretamente de ações armadas.

Dias depois, Dirceu faria um discurso da tribuna da Câmara. Sem empolgar. Era — sempre foi — um mau orador. E tanto pior se com um péssimo *script*. Afinal, insinuara que lideraria a bancada do governo. Doce ilusão, pois cumpriria o que lhe restava de mandato como um zumbi monocórdio, cuja única atividade consistia em tentar rebater as acusações de Jefferson.

O governo estava paralisado. O mensalão era o grande assunto nacional. E qualquer tentativa de desviar o foco fracassava rápida e redondamente.

Os presidentes da Câmara e do Senado, por exemplo, anunciaram uma agenda positiva, a começar pelo projeto de reforma política, mas a manobra não daria resultado. Entre outros motivos porque não havia o desejo real por uma reforma efetivamente republicana.

Waldir Pires, responsável pela Controladoria Geral da União, buscaria outro paralelo histórico para a difícil fase enfrentada pelo governo. Aldo Rebelo já recordara, equivocadamente, a crise do suicídio de Vargas. Pires, entretanto, ia além e associava o momento experimentado em 2005 com o que antecedera março de 1964: "Eu vivi alguns instantes que pretendiam mudar a natureza das coisas para atender uma sociedade mais decente e mais justa, vi tombarem as regras, as normas e a vida da democracia."

Foi infeliz na comparação, uma vez que as crises de 1964 e 2005 eram radicalmente distintas nas origens e nos agentes políticos. Tanto pior, aquela fala provinha de uma autoridade responsável por zelar pelo erário justamente contra golpes como o do mensalão, a respeito do qual já havia informações mais que suficientes à compreensão de que se tratara de um grande esquema de desvio de recursos públicos.

Pesquisa do IBOPE divulgada no dia 17 apontaria aumento de 5% dos que consideravam ruim o governo Lula.

Em meio a mais denúncias — uma delas sobre saques milionários realizados pelas empresas de Marcos Valério no Banco Rural, justificados pelo publicitário como necessários à compra de gado —, o presidente faria um pronunciamento oficial em cadeia de rádio e televisão.

Sem corar, disse que a corrupção era "uma grande vergonha para o povo brasileiro". E insistiu na ideia de que não aumentara. Ao contrário: o que tinha crescido — "e muito", afirmava — era "o combate à corrupção". Suprema falácia.

Voltando ao mundo real, no dia seguinte Lula ofereceria quatro ministérios ao PMDB — com o claro objetivo de torná-lo partícipe do saque ao erário e assim garantir o apoio do partido naqueles tempos de crise acirrada.

Era como se o PT entendesse que, em vez de socializar os meios de produção, a socialização seria do Tesouro, numa versão macunaímica do socialismo marxista.

Em meio à multiplicação de incêndios, mas sem muito se preocupar, a primeira-dama promovia mais uma edição da festa junina na Granja do Torto. Era um sábado, 2 de julho, e já se sabia da notícia — publicada pela revista *Veja* naquele final de semana — de que o banco BMG emprestara R$ 2,5 milhões para o PT, e que o avalista da operação fora Marcos Valério.[38]

Valério, inclusive, pagara uma parcela do empréstimo, no valor de R$ 349.927,53. A notícia caiu como uma bomba. E não haveria fogueira de São João suficiente para esconder a fumaça.

Antes, porém, à tarde, tentando dar uma resposta às novas revelações do escândalo, Lula discursou na capital paulista, num evento do Foro de São Paulo, organização que reúne os principais partidos de esquerda da América Latina. Entusiasmado, falou que não aceitava dividir o governo com corruptos, como se esses fossem alienígenas e não os próprios petistas, que tinham o efetivo controle da máquina estatal.

Receberia, claro, o apoio dos aliados ideológicos. O representante dos sandinistas nicaraguenses, por exemplo, afirmou que tudo não passava de "uma campanha de denúncias para deses-

---

[38]Nas eleições municipais de 2004, mais da metade dos recursos doados pelo banco BMG a candidatos teve petistas como principal destino.

tabilizar o governo Lula e sua luta contra a fome e em defesa dos grupos menos favorecidos". Na mesma linha foi o delegado equatoriano: "Todas as vezes que uma força democrática progressista é eleita, os reacionários arremetem com violência. Isso é o que está ocorrendo no Brasil." A declaração mais bizarra, porém, caberia ao representante argentino: "O governo Lula está sendo atacado por forças imperialistas europeias e americanas."

Também em 2 de julho, a *Folha de S.Paulo* apresentou uma reportagem segundo a qual Sandro — o primeiro filho de Lula e Marisa — era funcionário do PT. Recebia mensalmente R$ 1.522. Salário baixo — é verdade. Mas não para quem jamais comparecia ao trabalho, a sede do partido em São Paulo.

A direção partidária apresentaria a justificativa: ele trabalhava à distância — mais uma contribuição petista ao anedotário nacional.

Com tanta notícia ruim, o arraial da família Lula, numa propriedade pública, não tinha como ser feliz. Os fogos não encobriam as conversas desanimadas dos líderes do partido. Lula, aliás, referindo-se a José Genoíno, de quem se dizia com pena, resumiria o sentimento petista ao então muxoxar: "A vida é dura."

No dia anterior, 1º de julho, em Goiânia, durante a solenidade de posse da diretoria do sindicato dos professores, Delúbio Soares choraria três vezes. Mas não sem se defender das acusações.

Argumentou que tudo não passara de uma conspiração da direita: "Imaginem vocês se o PT ia comprar votos de deputados, se ia carregar malas de dinheiro. E isso os caras falam na maior cara dura. Não têm uma prova. É mentira." Os "caras" ele logo identificaria: "A direita, os conservadores, e vou dar os nomes:

a revista *Veja*, o *Estadão*, a *Folha de S.Paulo*, querem fazer o impeachment do presidente Lula."

Quatro dias depois, renunciaria à tesouraria do PT. Seguia o secretário-geral do partido, Sílvio Pereira, que, na véspera, também renunciara. Silvinho, como era conhecido, no entanto não choraria — comportamento que já virava rotina entre os mensaleiros petistas.

Basta recordar que, no mesmo dia 5, José Genoíno — entrevistado pelo programa *Roda Viva*, da TV Cultura — chorou ao negar qualquer irregularidade nas transações entre PT, Marcos Valério (que garantia sequer conhecer) e banco BMG.

E então Lula viajou a Paris, convidado especial da festa do 14 de julho. A França declarara 2005 como o ano do Brasil, e muitos intelectuais e artistas brasileiros aproveitaram a boca livre.

A imprensa local tratou-o com máxima deferência, mesmo em pleno escândalo do mensalão. Afinal, era um ex-operário que chegara à Presidência — e o exotismo sempre foi o forte dos franceses em relação ao Brasil.

Na ocasião, Lula assinou um memorando de compromisso segundo o qual adquiriria uma dúzia de *Mirage*, o caça francês. Um bom negócio para a França, mas péssimo para o Brasil. O modelo oferecido era considerado obsoleto. A compra custaria, entretanto, incluindo peças e treinamento, 80 milhões de euros.

Não seriam acidentais, portanto, os elogios recebidos dos governantes franceses. Um deles disse: "Você é um símbolo mundial de um grande combatente por um mundo melhor. Obrigado por ser esse símbolo."

*

Ao voltar, Lula deparou-se com uma crise que se agravava rapidamente. A manobra de atribuí-la à elite — como um golpe contra o governo popular — fracassara. Mas não sem alguns desdobramentos práticos.

A Polícia Federal, por exemplo, detivera a dona da Daslu, Eliana Tranchesi, suspeita de fraudar notas fiscais. Ela seria, porém, libertada no mesmo dia. Era um sinal — perigoso — de que havia os que se dispunham a usar de todos os artifícios para permanecer no poder.

O escândalo do mensalão se instalara no Planalto e não manifestava qualquer intenção de partir. A oposição, contudo, ao contrário do que ocorreria em qualquer país democrático, mostrava-se mais preocupada em defender o governo do que em obter — o que seria absolutamente legítimo — algum dividendo político.

Fernando Henrique Cardoso, procurado pelo ministro Thomaz Bastos, demonstraria interesse até em se encontrar com Lula. Preocupado com a turbulência institucional, teria dito que era importante manter a economia fora da crise política e se posicionado contra qualquer proposta de impeachment. Análise absolutamente equivocada — e que teria um enorme custo histórico.

A população, afinal, pensava diferente — muito diferente — do ex-presidente, líder informal da oposição. Pesquisa Ibope, divulgada em 19 de julho, informava que 42% dos entrevistados não confiavam em Lula. E o mesmo número supunha que poderia perder o mandato devido às graves denúncias.

Era uma situação muito desconfortável, cujo caldo encorpava-se dia após dia. Novas revelações ligavam deputados do PT, do PP e do PL a retiradas milionárias nas contas das empresas de Marcos Valério, e documentos associavam o publicitário Duda

Mendonça e sua sócia Zilmar Fernandes da Silveira a saques nas contas de Valério no Banco Rural.

Cinco dias antes, em 14 de julho, numa sessão do Senado, Arthur Virgílio atacara Lula duramente: "Vamos acabar também com essa história de que o sr. Lula não sabe de nada. Até o meu filho de dez anos sabe! Ou ele é um completo idiota, ou o sr. Lula sabe de toda a corrupção que se passou embaixo do seu nariz." Continuava: "Na melhor das hipóteses, sr. Lula, o senhor é um idiota! Na melhor das hipóteses! Na pior, o senhor é um corrupto!" O senador chamaria o presidente de idiota dezessete vezes. E explicaria que idiota era elogio, pois se "chamar de corrupto, teria de pedir o impeachment."

Falou durante uma hora. Saiu rouco da tribuna. Os senadores da base silenciaram. Eduardo Suplicy ainda tentou defender Lula, mas logo abandonaria o combate, cobrado por Virgílio a apresentar suas contas de campanha para a eleição de 2002, que informavam gastos de apenas R$ 360 mil — volume considerado muito baixo para um estado das proporções de São Paulo, que detém 23% do eleitorado nacional. Virgílio, por exemplo, senador pelo Amazonas, apresentara gastos de R$ 1,6 milhão.

Mas o grande assunto da semana seria a estranha entrevista de Lula exibida no domingo, dia 17, no programa *Fantástico*, da Rede Globo, gravada durante a viagem à França, nos jardins da embaixada brasileira em Paris, e que teria sido concedida originalmente ao canal France 2.

A história é digna de roteiros de filmes policiais. Tudo começara ainda em junho. Marcos Valério sentia-se abandonado pelos "companheiros", de modo que ameaçava contar tudo. As ameaças, crescentes, acabariam gerando uma reunião em São Paulo, a 12 de julho, pela manhã, no escritório do advogado Arnaldo Malheiros. Presentes Delúbio Soares, José Genoíno e Silvio Pereira, além dos advogados. Uma hora e meia depois, chegariam, de Belo Horizonte, num jatinho particular, Marcos Valério e seu advogado, Marcelo Leonardo.

Valério logo deixou clara sua posição: "Temos três hipóteses. A primeira é derrubar a República. Vamos falar tudo de todos. PT, PSDB, PFL, todos. Não sobra ninguém. A segunda hipótese é a tática PC Farias: ficar calado. Só que ele ficou calado e morreu. A terceira hipótese é um acordo negociado, de caixa-dois."

Genoíno propôs, então, um acerto pela terceira opção. Com o aval de todos, portanto, a farsa do caixa-dois — do dinheiro não contabilizado — transformava-se, ali, na versão oficial do mensalão, a ser doravante propagada pelos petistas como um mantra.

Importante seria a viagem de Malheiros a Brasília, para se encontrar com Marcio Thomaz Bastos, ministro da Justiça. Os dois concordaram que a versão do caixa-dois era a melhor. Bastos e Palocci, em seguida, foram a Lula — e o presidente chancelou a farsa.

Assim, Lula viajara à França já preparado para conceder uma entrevista em que abordaria o mensalão nesses termos. Alinhado à nova orientação e preparando o campo para a entrada do presidente, Delúbio daria um depoimento à Procuradoria Geral da República, na sexta, 15 de julho, em que confirmava a versão apresentada, no dia anterior, por Valério, também em depoimento, de que tudo não passara mesmo de caixa-dois, de que Lula de nada sabia e, mais importante, de que, na campanha presidencial de 2002, não teria sido utilizada qualquer forma de arrecadação ilegal.[39]

---

[39] Ver a excelente reportagem de Fernando Rodrigues publicada na *Folha de S.Paulo* de 29 de julho de 2012.

A entrevista do presidente deveria servir como cereja sobre o bolo da farsa. Para tanto, foi escalada uma jornalista desconhecida no Brasil, e que não trabalhava para qualquer televisão francesa. As perguntas foram pré-agendadas. Seriam onze minutos de constrangimento, divididos em sete perguntas.

Lula tergiversaria, mas sem se esquecer do que fora combinado — única razão daquela entrevista:

> O que o PT fez, do ponto de vista eleitoral, é o que é feito no Brasil sistematicamente. Eu acho que as pessoas não pensaram direito no que estavam fazendo. O PT tem na ética uma de suas marcas mais extraordinárias. E não é por causa do erro de um dirigente ou de outro que você pode dizer que o PT está envolvido em corrupção.

Sempre esperto, Lula invertia o problema; de denunciado por corrupção, passara a denunciador das mazelas:

> De um lado, você tem uma série de denúncias. Naquilo que diz respeito à possibilidade de investigação de um governo, nós estamos fazendo mais do que já foi feito em qualquer outro momento da história do Brasil. E tem um problema grave, porque, toda vez que você combate a corrupção, ela aparece mais na imprensa e passa para a sociedade que tem mais corrupção exatamente porque você está combatendo. Nesses 29 meses de governo, mais de mil pessoas foram presas no Brasil, ou seja, presas de verdade, por sonegação, por prática de corrupção. E nós vamos continuar utilizando todo o potencial que o Estado tem para fazer o que precisa ser feito no Brasil. Meus adversários devem ter ficado um pouco indignados, porque todas essas denúncias de corrupção não chegaram ao governo.

Era uma desfaçatez. Mas tinha — acreditavam os advogados — uma lógica. Ao falar que tudo não passara de caixa-dois, tratando-o como prática comum a todos os partidos, poderia levar o escândalo a um fim negociado, na expressão popular, a uma grande pizza.

Não seria fácil obter este resultado, porque, para completar, denúncias atingiam também a família do presidente. A 9 de julho, revelou-se que a Gamecorp — de Fábio Luís Lula da Silva, o Lulinha — recebera uma injeção de R$ 5 milhões, provenientes da Telemar. A empresa do filho do presidente, no entanto, tinha capital de apenas R$ 200 mil.

Tudo muito nebuloso, pois Lulinha não era considerado um empreendedor de sucesso. Ex-monitor do zoológico de São Paulo, onde realizava trabalho voluntário, tinha se transformado, da noite para o dia, em empresário bem-sucedido. Até aí, porém, passava. A questão era outra: a Gamecorp jamais se mostrara sólida e, para agravar, dava sucessivos prejuízos.

A participação da Telemar criava, portanto, um ambiente de suspeição — e representava, somando-se às embrulhadas do PT, mais um complicador para Lula.

Um dia antes, a 8 de julho, José Adalberto Vieira da Silva, assessor parlamentar do deputado estadual cearense José Guimarães, irmão de José Genoíno, fora preso no aeroporto de Congonhas, em São Paulo, pouco antes de embarcar para Fortaleza, com R$ 200 mil numa valise e US$ 100 mil na cueca.

O dinheiro da valise seria, de acordo com o petista, relativo à venda de verduras no Ceagesp. Uma explicação estapafúrdia. A respeito dos dólares na cueca, porém, nenhuma justificativa.

No dia seguinte, José Genoíno renunciou à presidência do PT. (Tarso Genro assumiria o cargo). Era o terceiro alto dirigente petista a se demitir em uma semana.

Sobre o "verdureiro" petista, uma das versões era a de que fora enviado, de Fortaleza a São Paulo, para receber propina referente a um empréstimo bancário, claro, de um banco público. Como de hábito, anos se passariam sem que alguém fosse condenado — alguns sequer foram indiciados.

Não bastasse a febre do mensalão, Lula teria de enfrentar ainda problemas com o titular da Previdência Social, o senador Romero Jucá. Ele assumira o ministério em março, mas já então as acusações que lhe pesavam contra eram bem conhecidas.

Ao longo de seus quatro meses à frente do ministério, as denúncias se sucederiam, relativas a negócios nebulosos realizados em Roraima, estado do senador. Jucá teria dado sete fazendas fantasmas — daí o apelido "fazendeiro do ar" — como garantia de um empréstimo, nunca quitado, no Banco da Amazônia. (Em 2005, com valores corrigidos, a dívida alcançava R$ 17 milhões.)

Também foi lembrada a denúncia de desvio de recursos públicos para seu canal de televisão, a TV Caburaí — isso sem falar nas acusações de abuso econômico na eleição para o Senado em 2002.

Querendo se livrar de um peso morto — e que sequer era defendido pela liderança peemedebista —, Lula o demitiu.

Para ampliar a base de sustentação do governo, o presidente faria uma reforma ministerial. Não havia qualquer interesse administrativo em pauta. Nada disso. O Planalto simplesmente desejava criar — ou ampliar — um escudo contra as denúncias. Assim, entregaria ao PMDB as pastas das Minas e Energia (com Silas Rondeau), sob o controle do senador José Sarney; das Comunicações, para Hélio Costa (neste caso, o partido mantinha o ministério); e da Saúde, com Saraiva Felipe (ministério sempre desejado, pela possibilidade de grandes negócios — e nada republicanos).

Na coordenação política, trocou Aldo Rebelo — atacado diuturnamente pelo PT — por Jaques Wagner. Na Ciência e Tecnologia, no lugar de Eduardo Campos, entrou Sérgio Rezende — de modo que a pasta continuava com o PSB. Na Previdência, optou por deixar um técnico, Nélson Machado. E, no Trabalho, pôs Luiz Marinho — ex-presidente do sindicato dos metalúrgicos de São Bernardo do Campo e da CUT.

O Ministério das Cidades, com Márcio Fortes, coube ao PP — também como forma de ampliar e garantir base confiável no Congresso. A Educação continuava em mãos petistas: Tarso Genro — que assumiria a presidência do PT — passara o cargo ao secretário-geral do MEC Fernando Haddad.[40]

Em janeiro de 2003, ao começar do governo, eram 34 ministérios e secretarias. Com aquela reforma de 2005, o número caía para trinta. Os petistas continuaram majoritários. O volume de ministros com filiação a outros partidos, contudo, aumentara.

Em 22 de julho, mantendo o hábito, Lula discursou longamente ao empossar os novos ministros. Bem ao estilo de vender gato por lebre, disse:

> Quanto mais trabalhamos nesta área de combate à corrupção, quanto mais seriedade houver nas apurações, independente de

---

[40] A gestão Haddad ficou marcada pela sólida aliança com os barões do ensino privado, através do programa Prouni, criado em 2004, pelos escândalos anuais quando da realização dos exames do Enem e pela expansão indiscriminada de universidades e institutos de ensino federais de qualidade duvidosa.

quem seja, nós estaremos acreditando que é possível diminuir os desvios de recurso que existem, a malversação do patrimônio público e fazer sobretudo com que, daqui para frente, os homens públicos possam se transformar em pessoas com credibilidade junto à opinião pública, porque nem sempre a história do Brasil permitiu que acontecesse.

A mensagem pretendida pelo presidente era clara: não tinha qualquer responsabilidade pelos fatos denunciados — e nada daquilo referia-se a ele. Ao contrário, trabalhava para combater a corrupção que o próprio governo, dele, criara! Fantástico — algo digno de Pedro Malasartes.

No dia anterior, "progressista" que era, Lula passou a atacar as "elites" que queriam lhe dar lição de ética, o que considerava um acinte. Como em uma peça do teatro do absurdo, entretanto, ignoraria a desfiliação, a pedido, de Silvio Pereira, após a denúncia — comprovada — de que recebera, de presente, um jipe *Land Rover*, mimo oferecido pela GDK, empresa que tinha negócios com o governo.

Embora afirmasse que a onda sem fim de denúncias não atingia sua administração, nova pesquisa Datafolha, divulgada no dia 24, daria outro sinal acerca da percepção dos brasileiros: 78% dos entrevistados consideraram que havia corrupção no governo Lula.

Agosto começara, mas a crise não diminuía de intensidade. Ao contrário. Se julho fora muito ruim, o novo mês seria ainda pior. A CPMI dos Correios estava em plena atividade e, a cada depoimento, agravava-se a situação do governo, de Lula e do PT.

A esposa de Marcos Valério, Renilda Fernandes de Souza, foi clara: José Dirceu fora o negociador dos empréstimos para o PT, realizados pela empresa de seu marido, junto aos bancos Rural e BMG. Ela era sócia de Valério e conhecia essas transações.

No campo da galhofa, deve ser registrado que Fernanda Karina, a ex-secretária de Valério, pediria (sem levar) R$ 2 milhões da revista *Playboy* para posar nua.

No Congresso, os parlamentares envolvidos com o mensalão deram partida ao movimento para se salvarem. O primeiro seria Valdemar Costa Neto, presidente do PL, que renunciou ao mandato antes da abertura de um processo no Conselho de Ética. Desta forma, mantinha os direitos políticos e garantia condições legais para se candidatar nas eleições do ano seguinte — diversamente de José Dirceu que, a 10 de agosto, teria aberto contra si um processo no conselho, assim perdendo as condições para a manobra.

Antes, a 2 de agosto, o mesmo Conselho de Ética abrigaria o tão esperado encontro entre Roberto Jefferson e José Dirceu. Foram momentos tensos. O presidente do PTB não só manteve os ataques como incluiu Lula nas denúncias. Afirmou que Dirceu facilitara a aproximação do presidente da República com a empresa Portugal Telecom para obter recursos destinados a saldar dívidas da campanha de 2002 do PTB e do PT.

Dois dias depois, porém, em depoimento à CPMI dos Correios, Jefferson voltaria atrás: "Se, em algum momento, fiz suspeitar do envolvimento do presidente Lula, quero pedir desculpas porque eu não fui claro."

Se o petebista livrara o presidente de uma acusação, o mesmo não ocorreria com Paulo Okamoto, amigo íntimo de Lula e comandante do Sebrae. Constatou-se que ele pagara quase R$

30 mil de uma dívida que Lula tinha com o PT — e o fizera sem que seu compadre soubesse, tudo pela amizade. Estranho, muito estranho. Mas o pior ainda estava por vir.

A sessão de 11 de agosto da CPMI dos Correios ouviria os publicitários Duda Mendonça e Zilmar Fernandes — os responsáveis pelo marketing da campanha presidencial de Lula.

Em certo momento do depoimento, Duda — que estava muito agitado — revelou que fora pago pelo caixa-dois do PT, e que a maior parte do dinheiro fora depositada (ilegalmente, claro) em uma conta no exterior.

Uma bomba. Caso para abertura de um processo de impeachment, de acordo com o artigo 85 da Constituição, que dispõe sobre crimes de responsabilidade dos atos do presidente da República. Lula, à época candidato, pagara com dinheiro de origem desconhecida — fora do país e sem declaração dos valores — parte dos gastos da campanha. Por muito menos, o presidente Fernando Collor havia sido condenado no processo de impeachment, tendo de deixar a Presidência.

A 12 de agosto, abatido e sem a convicção habitual, Lula — na reunião ministerial aberta à imprensa, destinada a dar uma resposta pública ao novo escândalo — falaria sobre a crise. Disse, então, que se sentia "traído" e "indignado" diante das denúncias contra o PT e o seu governo: "Eu não tenho nenhuma vergonha de dizer ao povo brasileiro que nós temos que pedir desculpas. O PT tem que pedir desculpas. O governo, onde errou, tem que pedir desculpas."

O desânimo do presidente, em parte, devia-se à divulgação, no dia anterior, de uma pesquisa Datafolha segundo a qual perderia a eleição presidencial de 2006 para José Serra, no segundo turno, por uma diferença de 9%. Era a primeira vez que, numa simulação, Lula não vencia nos dois turnos. Sinal de que a crise tinha um preço e de que seu prestígio entre os eleitores derretia rapidamente.

Os dias estavam péssimos para Lula. Durante mais de uma semana, enquanto líderes oposicionistas discutiam a possibilidade de abrir um processo de impeachment contra o presidente, novas denúncias o atingiriam ou a seu partido.

O doleiro Antonio Oliveira Claramunt, conhecido como Toninho da Barcelona, então preso em Avaré, foi a São Paulo para ser ouvido por doze membros da CPMI dos Correios. Na ocasião, disse que, em 2002 e 2003, fizera várias remessas ilegais de dinheiro para o exterior, a pedido do PT. Segundo ele, o partido teria uma conta clandestina fora do país, que seria operada pelo Trade Link Bank, uma *offshore* vinculada ao Banco Rural.

Depondo na CPMI dos Correios, Delúbio Soares admitiria que o dinheiro sacado das empresas de Marcos Valério pagara despesas da campanha de Lula, em 2002. Era uma confissão muito grave, pois mais uma vez demonstrava que as contas apresentadas à Justiça Eleitoral haviam sido maquiadas e que, portanto, no mínimo, cometera-se um crime eleitoral.

No dia 19 de agosto, em depoimento prestado à Polícia Federal, Rogério Buratti, ex-assessor de Antonio Palocci na prefeitura de Ribeirão Preto (SP), afirmou que o ministro da Fazenda recebera R$ 50 mil por mês, como "caixinha", entre 2001 e 2002, de uma empreiteira, a Leão e Leão, muito influente no interior paulista.

Como Palocci se transformara em uma espécie de âncora do governo — especialmente após o início da crise do mensalão —, a acusação, grave, tornava-se ainda mais pesada. Ele era, afinal, o queridinho do grande capital, de modo que, mesmo com o esperado desmentido do ministro, a cotação do dólar atingiria seu maior valor em quinze meses e fecharia em R$ 2,45. O presidente da Federação dos Bancos Brasileiros (Febraban), Mário Cypriano, no entanto, parecia enxergar outro mundo: "A economia está totalmente desvinculada do aspecto político."

Os fatos, claro, desmentiam o banqueiro. A política tinha estreitos vínculos com a economia — e como! Só para a campanha eleitoral de 2004, em São Paulo, por exemplo, o PT, que recebera R$ 1,4 milhão do fundo partidário, contaria com mais R$ 4,3 milhões só de doações de bancos.

As revistas *Veja* e *Época* de 4 de setembro publicaram reportagens que envolviam o presidente da Câmara, Severino Cavalcanti, que se tornara, naquele momento de turbulência, fiel aliado de Lula.

Durante uma semana, o foco do noticiário se desviaria para Severino, figura pífia, que beirava o folclórico, então acusado — por um concessionário de restaurante na Câmara, Sebastião Buani — de receber um "mensalinho" de R$ 10 mil.

A entrevista coletiva de Buani, responsável pelo pagamento ao deputado, ficaria notabilizada pela beleza de sua esposa — logo apelidada de "musa do mensalinho" e cortejada pelas revistas masculinas para posar nua. O episódio, ao menos aparentemente, amenizava o escândalo permanente em que se transformara o cotidiano do governo.[41]

Mas era só aparentemente mesmo, pois os partidos de oposição formalizaram o pedido de abertura de processo de cassação contra

---

[41]Sebastião Buani acreditou que poderia ser eleito deputado distrital, em 2006, graças à repercussão pública do escândalo. Equivocou-se. Recebeu apenas 803 votos dos eleitores do Distrito Federal.

Severino. Uma semana depois, ele renunciaria à presidência da Câmara para garantir, ao menos, o mandato.

Saiu, porém, atirando, posando de perseguido. Acusou "uma elitizinha, que não quer largar o osso", e que teria arregimentado "forças antagônicas, poderosas e destruidoras" e trabalhado para "insuflar seus cães de guerra" — tudo isso só para derrubá-lo do cargo.

Com a saída de Severino Cavalcanti, fazia-se necessária uma nova eleição para a presidência da Câmara. Assim, depois de muitas articulações, restariam duas candidaturas: a oficial, com Aldo Rebelo (PCdoB), e a de oposição, com José Thomaz Nonô (PFL). O acirramento da disputa — o primeiro turno terminara empatado: 182 votos para cada — mostrou quão enfraquecido e desgastado estava o governo, mas Rebelo afinal venceria, no segundo turno, por apenas quinze votos de diferença.

O mensalão logo recuperaria o protagonismo entre os escândalos. No dia 14 de setembro, Roberto Jefferson teve o mandato cassado. Foram 313 votos a favor e apenas 156 contra. Era o primeiro parlamentar abatido pelas denúncias do esquema.

Pouco antes da votação, discursou: "Temos de atravessar a praça. Temos de ir ao Palácio do Planalto fazer a investigação que precisa ser feita. Essa é a resposta que o povo do Brasil quer de nós." E ainda encontrou tempo de fazer uma blague, ao encontrar José Dirceu na fila de votação: "Eu sou você amanhã."

O ex-ministro ficou tão perturbado que se esqueceria de colocar a cédula no envelope, como manda o regimento, tendo o voto anulado.[42]

---

[42]JEFFERSON, op. cit., p. 21.

O governo tentava retomar a iniciativa. Ricardo Berzoini assumira a presidência do PT. Dias depois, Delúbio Soares seria expulso do partido. E Lula, ao receber parlamentares no Palácio do Planalto, disse que os acusados "cometeram erros, mas não de corrupção". Paralelamente, mais dois mensaleiros renunciariam aos mandatos na Câmara: o petista Paulo Rocha e o peemedebista José Borba — o que ajudava na estratégia de tentar abafar os efeitos da crise.

Porém, as pesquisas de opinião, num eventual segundo turno presidencial em 2006, continuavam apontando Serra na frente de Lula — e isso mesmo com a oposição eticamente fragilizada, pois o senador Eduardo Azeredo, presidente do PSDB, era então acusado de ter recebido, para gastos de campanha e sem o devido registro, R$ 800 mil do onipresente Marcos Valério.

Os trabalhos da CPMI — a mais eficaz da história do parlamento brasileiro — criavam, a cada sessão, mais problemas para o governo. As revelações levantadas pelas subcomissões tornavam qualquer futuro absolutamente imprevisível. A 4 de novembro, por exemplo, identificar-se-ia que dinheiro do Banco do Brasil abastecera o *valerioduto* — denominação dada ao esquema de corrupção organizado por Marcos Valério.

O uso de recursos públicos novamente recolocava o tema do impeachment de Lula na ordem do dia, mas a oposição, temerosa de uma possível repercussão negativa na economia, optaria, equivocadamente, por manter a política de lento desgaste do governo. Trocou, portanto, o enfrentamento ético de um escândalo, que minava as bases da República brasileira, por uma possível vitória em outubro de 2006, apostando em ter Lula como um candidato enfraquecido.

A expressão usada à época pela oposição era a de que o presidente, como em uma luta de boxe, seria levado às cordas, sangrando, para ser facilmente nocauteado no ano seguinte. Essa falta de combatividade, no entanto, daria condições para que o governo resistisse — dois deputados mensaleiros foram salvos pelo plenário da Câmara: Sandro Mabel (PL-GO) e Romeu Queiroz (PTB-MG) — e, mais adiante, até se reinventasse.

O governo identificava, naquele momento, na CPMI, seu principal adversário. Encerrá-la era essencial. Daí as diversas manobras — de pressão sobre parlamentares — para evitar que os trabalhos da comissão se estendessem até abril de 2006. Sem sucesso.

O PT — Lula nem tanto — sofreria outra grande derrota antes do fim do ano: a 1º de dezembro, o plenário da Câmara cassou, por 293 votos a favor e 192 contra, o mandato e os direitos políticos, por oito anos, de José Dirceu. E Jefferson tinha então cumprida sua profecia.

Lula fazia de tudo para deslocar o eixo do debate político para as questões econômicas, terreno onde a oposição — ao menos a maior parte dela — concordava com o encaminhamento conservador tocado por Palocci.

Tanto que o ministro da Fazenda, em sabatina no Senado, foi defendido mais pelos oposicionistas do que pelos petistas. O centro do debate era o superávit primário. A ministra da Casa Civil, Dilma Rousseff, através de declarações públicas, atacava abertamente a política econômica.

Por outro lado, Palocci enfrentava ainda as acusações de Rogério Buratti. As denúncias dariam origem ao escândalo conhecido como "República de Ribeirão Preto" — metáfora que designava o envolvimento do ministro e de antigos assessores em negócios nebulosos.

Politicamente, o ano terminava com mais um mau resultado para Lula. De acordo com o Datafolha, divulgado no dia 15 de dezembro, numa simulação da eleição presidencial de 2006, o presidente perderia para José Serra já no primeiro turno. Era a primeira vez que isto acontecia. O PT, de acordo com a mesma pesquisa, perdera 1/3 de seus simpatizantes, em comparação com dezembro de 2004, devido à crise do mensalão.

Dados que poderiam — e deveriam — animar a oposição. Ledo engano. Temerosa, resolveu aproveitar o final do ano para tirar longas férias. Não entendera o momento histórico. Temia o enfrentamento político. Mas Lula, não.

2006

As NOTÍCIAS GERALMENTE rareiam no começo do ano. E o clima de festa costuma permanecer, ao menos na primeira semana. Excepcionalmente, porém, as sucessivas e acumuladas crises mantinham a temperatura política alta, sem sinal de arrefecimento.

Não bastassem o mensalão e o funcionamento da CPMI dos Correios, novo laudo pericial confirmou que Celso Daniel fora torturado antes de morto. Haveria sinais de queimaduras, provenientes do cano de um revólver quente, nas costas da vítima, além de espasmo cadavérico generalizado, característico de situações em que a tensão nervosa é tão intensa que a contração muscular persiste mesmo após a morte.

Depois de cinco meses tentando adiar seu depoimento, finalmente — a 26 de janeiro — Antonio Palocci compareceria, como convidado, à CPI dos Bingos. Chegou acompanhado do presidente do Senado, Renan Calheiros, e de José Sarney. Talvez um meio de causar algum tipo de intimidação nos senadores.

O ministro negaria todas as acusações. Disse não conhecer Vladimir Poletto, um dos "membros" da chamada República de Ribeirão Preto e que relatara as estranhas negociações realizadas em uma mansão do Lago Sul — propriedade que Palocci ignoraria no depoimento, bem como as transações ali havidas e as visitas femininas.

De acordo com o ministro, todas as denúncias eram requentadas e não passariam de resquícios dos embates eleitorais em Ribeirão Preto. Negou também que a campanha de Lula, em 2002, tivesse recebido US$ 3 milhões provenientes de Cuba, como apontara Poletto. Foram seis horas de depoimento — e de negativas.

O peso desta agenda política negativa, imenso, seria ainda maior não fossem os resultados econômicos positivos a contrabalançar — algo que contava muito a favor de Palocci.

O Banco Central comprara, antecipadamente, títulos da dívida brasileira, em um total de US$ 20 bilhões. O aumento do ingresso de capital estrangeiro, a valorização do real, a expansão do crédito, a melhoria do saldo da balança comercial (86% do superávit devia-se ao agronegócio), a queda na taxa de desemprego e a elevação da renda (subira pela primeira vez desde 1997) foram muito saudados pelo governo.

Demonstrando a dissintonia entre Lula e PT, a Câmara liberou as coligações partidárias, o que determinava o fim da verticalização, ou seja, um partido poderia fazer alianças locais independentemente dos acordos nacionais. Desta forma, abria-se a possibilidade para alianças ainda mais esdrúxulas.

O presidente apoiara a proposta. Pretendia, assim, atrair o PMDB para uma coligação. Dos 83 deputados petistas, porém, 63 votaram contra a medida, temerosos de diminuir as bancadas do partido Brasil afora.

Os objetivos de Lula não eram necessariamente os do PT, mas ele já começava a impor sua vontade a ferro e fogo.

*

O cenário de incerteza atingia também a oposição e seu principal partido, o PSDB. Àquela altura, estava já claro que José Serra, prefeito de São Paulo, era o candidato mais forte — o que era corroborado por todas as pesquisas. Em algumas delas, aliás, vencia o presidente no primeiro turno.

A indefinição partidária, contudo, fez com que desistisse de disputar com Lula. Geraldo Alckmin, governador de São Paulo, seria o indicado para concorrer à Presidência.

Março começava com a notícia de que Antonio Palocci seria o coordenador da campanha de Lula à reeleição. As denúncias que, desde agosto de 2005, pesavam contra o ministro não arranharam seu prestígio no governo, tampouco junto ao grande empresariado nacional e estrangeiro. E muito menos entre os principais líderes da oposição, que não se cansavam de lhe manifestar apoio.

Aquilo era de fato espantoso, pois Rogério Buratti continuava a lhe fazer graves denúncias.

O senador oposicionista Arthur Virgílio (PSDB-AM), por exemplo, diante das acusações, afirmou: "Acho que, se confirmado isto, é grave para o país, porque atinge um setor que não tinha sido atingido pela crise. O Palocci vem conduzindo bem a economia e esta é uma área que devia passar ao largo desta conjuntura de crise."

O líder do PFL, o deputado José Carlos Aleluia, foi ainda mais enfático: "O mercado não quer saber se as acusações são verdadeiras ou não. O mercado está preocupado com os rumos da política econômica e se ele será mantido ou não no cargo." E disse que o presidente deveria tê-lo como exemplo: "Não podemos confundir. A crise de Lula não é a crise de Palocci. Lula deveria se espelhar no ministro e tratar a crise com serenidade e não com bravata e soberba."

Já Ricardo Berzoini, petista, aproveitou para tirar uma "casquinha" de seu adversário interno: "Evidentemente, são denúncias graves. Se houver veracidade, isto constitui uma grave falha de condução que influenciará todo o desfecho da crise política."

Em nota, Palocci faria o papel de traído e negaria "com veemência a veracidade da informação de que recebeu recursos da empresa Leão&Leão quando exercia o cargo de prefeito do município de Ribeirão Preto".

E ainda daria uma lição de moral nos promotores:

> A indiscrição de autoridades e o modo como foram dadas as declarações configuram total desrespeito a regras jurídicas e podem prejudicar o bom andamento das investigações. A Lei Orgânica do Ministério Público Estadual obriga os promotores a "resguardar o sigilo do conteúdo de documentos ou informações obtidas em razão do cargo ou função". Ao ministro Antonio Palocci interessa a completa elucidação dos fatos. Isto não será alcançado com a precipitada divulgação de alegações parciais e infundadas.

De acordo com Palocci, tudo aquilo nada mais era do que uma conspiração contra o governo Lula, da qual seria a bola da vez, segundo um aviso que recebera "de uma importante liderança nacional com mandato no Congresso".

A "importante liderança" teria dito:

> Olha, houve uma reunião da executiva do PFL para reavaliar a situação política. Eles chegaram à conclusão que, se não voltarem a bater forte, o Lula vai se recuperar e ganhar a eleição. Então, eles decidiram voltar à carga. E, preciso lhe dizer, o foco será você. Eles vão bater até você ter de deixar o governo, pois avaliam que se a área econômica não for atingida, nada vai abalar o Lula.[43]

---

[43]PALOCCI, op. cit., p. 214.

Deixando o mundo da fantasia de lado, Palocci não podia reclamar da imprensa. Era muito influente especialmente nas editorias de economia. Propalou, por exemplo, que se afastara de Buratti, mas se esqueceu dos registros telefônicos, vários, que demonstrariam justamente o contrário — alguns inclusive agendavam, diretamente com ele, audiências de empresários no Ministério da Fazenda.

Seriam imediatos os reflexos na economia: em um dia, o dólar subiu 4% e a bolsa caiu 3%. A oposição, no entanto, sem iniciativa, ficara a reboque das investigações policiais e do noticiário da imprensa. Não quis emparedar o ministro, que era o elo mais fraco do poder petista e o mais dócil aos desejos de uma fração a cada dia mais poderosa no país: os rentistas. Optara, então, por se concentrar em apenas dois alvos: José Dirceu e Lula.

Os líderes oposicionistas avaliavam que mirar as baterias para uma terceira figura, Palocci, seria um desvio da pretensão de — sem criar graves transtornos na economia — levar o presidente às cordas e deixá-lo sangrar até a eleição, em outubro.

Palocci se aproveitaria desta estratégia alheia para posar de republicano exemplar:

> Volto a dizer que vou colaborar com todos porque sou o primeiro interessado, seja CPI ou Ministério Público, ou qualquer instância da República. Nenhum deles terá protelação de minha parte e nada será transmitido por mim se não for de forma absolutamente clara. Vim a Brasília chamado pelo presidente Lula. Não foi para fazer atos de natureza duvidosa. Foi para gerir uma equipe que conduzisse a economia brasileira à estabilidade.

Poupado pela oposição, o ministro da Fazenda conseguiria sobreviver às denúncias contando também com um conflito artificial criado no centro do governo. A ministra Dilma Rousseff, da Casa Civil, começara a sistematicamente bombardear a política econômica e, por tabela, a criticar o trabalho de Palocci.

Dilma chegou a dar entrevistas em que identificava na Fazenda um obstáculo para a aceleração da economia — o que seria mais uma razão para o "mercado" cerrar fileiras em defesa de Palocci, mesmo com uma taxa pífia de crescimento do PIB em 2005, de 3,2% (a Índia crescera 8,5%, e a China, 10,2%).

Quando parecia que ele afinal conseguira sobreviver à saraivada de denúncias, *O Estado de S.Paulo* publicou — a 14 de março, uma terça-feira — entrevista com Francenildo Costa, caseiro daquela mansão no Lago Sul, em Brasília, que o ministro ignorara em seu depoimento ao Senado, em janeiro. Ao jornal, o caseiro relatou que Palocci frequentava regularmente a casa, aquela que dizia absolutamente desconhecer.

A situação do ministro ficava então ainda mais complicada, pois, na semana anterior, em depoimento à CPI dos Bingos, o motorista Francisco das Chagas Costa, que prestava serviços a Vladimir Poletto, afirmou que também vira Palocci na mansão. Segundo Costa, o aluguel estava em nome de Poletto e era pago em dinheiro vivo.

No primeiro dia de ocupação do imóvel, novamente de acordo com Francenildo, Poletto lhe dobrou o salário, mas pediu: "O que acontecer aqui você não conta a ninguém". O caseiro relatou ao *Estadão* que a casa abrigava reuniões constantes entre o ministro, Poletto, Ralf Barquete e Rogério Buratti — todos ex-assessores de Palocci quando prefeito de Ribeirão Preto. Malas de dinheiro chegavam rotineiramente à mansão, onde ocorriam animadas festas, sempre com a presença de mulheres, que seriam, segundo ele, garotas de programa. A entrevista foi rica em detalhes: descreveu o veículo usado por Palocci, o horário que costumava chegar à casa e a forma como era tratado pelos outros frequentadores — que o chamavam de "chefe".

Francenildo foi, então, convocado a depor na CPI dos Bingos. No dia estipulado, 16 de março, manobras conduzidas pelos senadores governistas — que tentavam transformar o depoimento aberto em secreto, afinal sem sucesso — atrasariam longamente o começo da sessão. Iniciada, porém, não duraria mais que quarenta minutos. Uma liminar obtida pelo senador Tião Viana (PT) no Supremo Tribunal Federal encerrou o depoimento, apesar dos protestos. De acordo com o ministro Cezar Peluso, do STF, não havia relação entre o objeto de investigação da comissão — a suspeita de irregularidades em casas de jogos — e o testemunho de Francenildo sobre a participação de Palocci nas reuniões na mansão.

Ainda assim, as declarações do caseiro — que reforçavam o que fora dito pelo motorista e se somavam aos depoimentos de Poletto e Buratti (Barquete morreu em 2004) — deixaram Palocci numa situação dificílima.

Lula, bem a seu estilo, voltaria a defender o ministro: "Eu devo muito de tudo que fizemos a um homem chamado Antonio Palocci. Não é economista, é médico, por isso, ele ganhou respeitabilidade no mundo inteiro pela sobriedade e pela seriedade no trato das questões econômicas." E ainda pediria à oposição que não atrapalhasse seu governo. "É justo fazer oposição, é democrático. Mas política tem de ser feita com sabedoria, inteligência e serenidade. Permitam que a gente conclua o nosso trabalho. Não atrapalhem. Não atrapalhem porque quem vai perder é o povo trabalhador desse país."

A estratégia petista consistia em garantir, a todo custo, a permanência de Palocci no Ministério da Fazenda. Lula já o qualificara como imprescindível e o chamara de "nosso Ronaldinho".

Os métodos mafiosos, porém, acabariam se sobrepondo às tentativas de resolver politicamente a crise. Em busca de um instrumento de pressão contra o mais fraco, a Caixa Econômica Federal violou o sigilo bancário de Francenildo. Numa articulação que envolvia Palocci e o presidente da CEF Jorge Mattoso, o extrato do caseiro foi divulgado — tudo porque havia um depósito de R$ 25 mil que, de acordo com os violadores do sigilo, seria suspeito.[44]

Em seguida, o Planalto espalhou aos quatros ventos a versão de que a oposição teria feito o depósito como uma espécie de pagamento a Francenildo pela acusação contra Palocci. O terrorismo estatal petista contra um simples caseiro, no entanto, acabaria se virando contra o próprio governo. Mas Lula, como de hábito, fingiria indignação.

Francenildo rapidamente justificou e apresentou as razões do depósito. Pedira uma ajuda ao pai, dono de uma pequena empresa de ônibus em Teresina, Piauí.

A situação fugiria completamente do controle quando Mattoso, em 27 de março, admitiu à Polícia Federal que ordenara a violação e que levara, ele mesmo, o extrato a Palocci. Antes de se demitir, divulgaria uma nota tentando justificar o injustificável, bem à moda petista:

---

[44] No seu livro-depoimento relatando o período que esteve à frente do Ministério da Fazenda, Palocci deu uma curiosa explicação para a violação do sigilo bancário do caseiro: tudo foi realizado cumprindo a lei: "O próprio presidente da Caixa Econômica Federal, Jorge Mattoso, havia me informado, dias antes, sobre o caso. Alertado por técnicos do banco sobre a movimentação atípica na conta de Francenildo, a instituição decidira encaminhar — como é de praxe nesses casos, como ordena a lei — os dados sobre os depósitos incomuns ao Conselho de Controle de Atividades Financeiras (Coaf), órgão do Ministério da Fazenda que é rotineiramente comunicado em situações como esta. Foi o que aconteceu." Sobre o encontro com Mattoso, disse que a conversa "durou menos de cinco minutos e não dei qualquer orientação especial. Recomendei que tivesse cuidado e agisse rigorosamente dentro da lei". Ver PALOCCI, op. cit., p. 223-224.

> Na condição de Presidente da Caixa, no pleno e legítimo exercício de minhas funções, tive acesso a informações sobre movimentação atípica em conta de cliente. (...) Cumprindo meus deveres funcionais e sem que isso de forma alguma representasse quebra indevida de sigilo, determinei, a propósito, a adoção das providências previstas na Lei n.º 9.613/98, cujas disposições aplicam-se indistintamente a todas as instituições financeiras. Assim agindo, na forma da lei acima mencionada, procurei fazer com que a informação chegasse regularmente ao COAF, órgão integrante da estrutura do Ministério da Fazenda e que detém competência legal para conhecer e analisar assuntos dessa natureza. Comuniquei, também, o fato à autoridade superior à qual a Caixa encontra-se vinculada. Não fui o responsável pelo vazamento da informação e estou convicto de que nenhum empregado da Caixa deu causa à divulgação indevida, atuando nos estritos limites da legalidade.

Tudo mentira. O governo tentara, até o último instante, alguma manobra que escondesse a interferência direta de dirigentes petistas no episódio. De acordo com *Veja*, o encarregado de coordenar a ação foi o ministro da Justiça Márcio Thomaz Bastos.

Desta vez, sempre segundo a revista:

> (...) o próprio Thomaz Bastos foi à residência oficial do ex-ministro da Fazenda com uma missão ainda mais imprópria: descobrir uma maneira de encobrir a participação da cúpula do governo no crime. Essa segunda reunião ocorreu no começo da tarde de 23 de março. Além de Thomaz Bastos e Palocci, também estavam na casa Jorge Mattoso e Malheiros — este último convocado a Brasília pelo próprio ministro da Justiça. No encontro, Palocci e Mattoso não só discutiram o que falariam à Polícia Federal como também a possibilidade de, por R$ 1 milhão,

arrumar um funcionário subalterno da Caixa que assumisse a responsabilidade pela lambança. Se conseguissem, tanto Palocci quanto Mattoso manteriam seus cargos.

As tentativas de uma nova chicana, porém, fracassaram. Não restara saída a Palocci senão demitir-se — o que se deu também a 27 de março: "Não faz sentido insistir em contestar acusações que jamais serão comprovadas porque não procedem e tampouco fazem sentido. Prefiro deixar o ministério."[45]
Ele sabia que deixar o cargo era o preço a pagar por aquelas ações antirrepublicanas. Manteria, ao menos, seus direitos políticos, e confiava em que ações posteriores da Justiça — conhecendo a política brasileira — redundariam em nada. Foi então à Granja do Torto, onde Lula residia enquanto o Palácio da Alvorada era reformado, e explicou-lhe as razões de sua decisão — sendo muito provável que o presidente já soubesse de tudo.

Segundo publicou-se à época, Palocci negara conhecer a mansão do Lago Sul para proteger sua família. Afinal, a casa era frequentada por garotas de programa agenciadas pela célebre Jeanne Mary Corner, e não ficava bem para o ministro confirmar as informações de Francenildo.

Tratava-se de mais uma falácia. A renúncia ao cargo, afinal, não era problema da esfera pessoal. Não. Mas de ordem pública. O fulcro da questão estava nas atividades lesivas ao erário, que envolviam corrupção, tráfico de influência e improbidade administrativa.

Guido Mantega, então na presidência do BNDES, era novo ministro da Fazenda. Mas, na cerimônia de transferência da pasta, a encenação bufa continuaria a pleno vapor. Palocci

---
[45]PALOCCI, op. cit., p. 222.

discursou em tom emocionado. Disse que, no exercício da função, respeitara as leis e a Constituição, e que jamais apoiara, em três anos de governo, "malfeitorias com os bens públicos". E defendeu sua gestão: "Mais do que o êxito alcançado na política econômica, o maior legado de minha passagem pelo Ministério da Fazenda — alguns hão de dizer — terá sido a estabilização da economia brasileira. Outros talvez vejam o aspecto da construção de bases sólidas para o crescimento econômico por décadas seguidas."

Aproveitou também para prestar vassalagem a Lula: "Certamente cometi erros, mas nem de longe me arrependo. Ao presidente, não me arrependo nem um minuto por ter dedicado vinte anos de minha vida a seu projeto político." Piegas — como de hábito —, Lula respondeu: "Palocci, nossa relação é de companheiros, mais do que de irmãos. Somos amigos para a vida inteira."

Um estrangeiro desavisado que acompanhasse a cerimônia poderia imaginar, pelo tom dos discursos, que saía do Ministério da Fazenda uma reserva moral da nação, uma espécie de Cincinatus de Ribeirão Preto.

Em abril, em sessão tensa e recheada de palavrões de parlamentares petistas contra o relator Osmar Serraglio, o relatório final da CPMI dos Correios foi aprovado.

Os governistas conseguiram impedir qualquer referência a Lula e a seu filho Fábio Luís, mais conhecido como Lulinha, que recebera generoso apoio da Telemar para seus negócios na Gamecorp.

Se a situação para Lula era desconfortável na política, na economia os sinais se apresentavam positivos. A mobilização contra o juro alto dera resultado. Em abril, a taxa Selic caiu 0,75%, mantendo ritmo de queda pelo sétimo mês consecutivo.

A saída de Palocci não resultara em qualquer mudança na economia. O otimismo permanecia. Mantega estimava que o país poderia crescer 4,5%.

Durante oito dias, entre 12 e 20 de maio, a organização criminosa Primeiro Comando da Capital realizou uma grande quantidade de ataques a São Paulo — a mais ousada ação do crime organizado na história do estado. Foram trezentos atentados, 82 rebeliões em presídios e mais de 130 mortos, trinta dos quais eram policiais.

Não tardaria para que circulassem acusações que associavam o PCC a interesses políticos. Afinal, a campanha eleitoral estava prestes a começar, e o PSDB governava São Paulo desde 1995.

No dia 7 de junho, uma horda do insignificante Movimento de Libertação dos Sem Terra invadiu e depredou as instalações da Câmara dos Deputados. Pelo caminho, os quinhentos militantes destruíram móveis e máquinas e quebraram vidros. Eram liderados pelo petista Bruno Maranhão, que, depois dos incidentes, acabaria expulso do partido.

Como já virara tradição, alguns dos baderneiros até foram detidos, mas sem qualquer condenação futura — um processo a respeito sequer seria aberto.

A chamada "CPI do Fim do Mundo" terminara — para alívio do presidente Lula — depois de 82 reuniões e mais de cem depoimentos, além de uma acareação com cinco acusados, algo inédito na história das CPIs.

O relatório final, com 1.300 páginas, preparado pelo senador Garibaldi Alves Filho (PMDB-RN), não apoiava a proposta de legalização e regulamentação das casas de bingo, e acabaria aprovado, em 20 de junho, por doze votos a dois. Citava Lula duas vezes: na doação irregular de empresários de bingos à campanha de 2002 e no envolvimento de alguns de seus assessores na cobrança de propina em prefeituras controladas pelo PT.

O presidente de tudo fez e conseguiu tirar da lista de indiciados José Dirceu e seu chefe de gabinete, Gilberto Carvalho. Mas não teve o mesmo sucesso em impedir o indiciamento de Paulo Okamotto, seu amigo, que presidia o Sebrae. Antonio Palocci estava também entre os indiciados.

Garibaldi Alves faria questão de dizer que "contrariou toda a assessoria técnica da CPI porque queriam o induzir a tipificar o crime de Gilberto Carvalho". Argumentando que "recebe apelo, mas não recebe pressão", o senador afirmou que teria sido forçado — ao que resistira — a pedir indiciamento do chefe de gabinete por concussão (extorsão ou peculato cometido por funcionário público no exercício de suas funções).

Deve ser registrado o voto em separado do senador Álvaro Dias (PSDB-PR), que incluiu Dirceu e Carvalho entre os citados no caso do assassinato do prefeito de Santo André, Celso Daniel.

Lula fazia política a todo momento. Desde o final do ano anterior, estava em busca de um novo vice, alguém que agregasse maior apoio do que Alencar. Se, em 2002, a aliança com o PL (na figura de Alencar) dera um lastro de aproximação com o setor empresarial, agora era necessário ter um vice de um grande partido, preferencialmente o PMDB.

Além do quê, Alencar migrara para o nanico PRB, que, apesar de controlado pela Igreja Universal do Reino de Deus, fiel aliada do PT desde 2002, possuía apenas um senador, três deputados federais e 8 mil filiados em todo o país.

Lula preferia Nélson Jobim, que, naquele momento, ocupava a presidência do STF. Mas, em decorrência de divisões internas do PMDB, o acordo acabaria não ocorrendo. O partido oferecia o apoio. Não queria, contudo, uma aliança formal, mais preocupado em ter liberdade para dissidências em alguns estados.

O presidente partiria, então, em busca de nomes mais jovens. Encontrou no PSB dois possíveis candidatos a vice: o presidente do partido, o deputado Eduardo Campos, e o seu ministro Ciro Gomes.

O assunto tinha espaço diário na imprensa. Era uma situação constrangedora para José Alencar, pois ele era o vice-presidente eleito e Lula, no entanto, à sua revelia, negociava abertamente outro nome para o posto.

Quando, porém, a tentativa de ter o apoio formal do PSB enfim fracassou, restara a Lula continuar com Alencar na chapa — permanência que resultara não de uma escolha, mas da falta de opção.

Assim, a 22 de junho, encerrava-se uma novela que levara mais de um semestre: José Alencar continuaria como vice na campanha pela reeleição.

Em julho, o PCC começou a segunda onda de atentados. Foram atacados prédios públicos e policiais, e o medo tomou conta da região metropolitana de São Paulo. Em agosto, a mesma organização criminosa iniciaria a terceira sequência de terror. Foram 100 ações — com armas de grosso calibre e coquetéis molotov — em dezoito cidades.

*

A campanha eleitoral estava em pleno curso, e o presidente finalmente conseguira trazer o PMDB para seu campo, garantindo o apoio do partido à chapa Lula-Alencar.

O fim das CPIs dera certo refresco ao governo e, tanto melhor para o PT, ainda impusera o esfriamento do ânimo oposicionista. Por outro lado, o bom andamento da economia colaborava para que Lula progressivamente recuperasse o apoio político perdido durante a crise do mensalão.

A indústria puxou o índice de crescimento do PIB, a inflação caiu, o número de empregados com carteira assinada cresceu — de cada dez vagas criadas, nove pagavam até dois salários mínimos — e houve um incremento do consumo, devido ao aumento da renda do trabalhador.

Ainda que a dívida pública fosse um indicador negativo — superara a marca de R$ 1 trilhão —, agosto terminava com ótimas notícias para Lula. Pesquisa eleitoral o colocara com 50% das intenções de voto, o que sugeria a real chance de vitória ainda no primeiro turno. Alckmin aparecia em segundo, mas muito distante, com 27%. Heloísa Helena vinha em terceiro e Cristovam Buarque, em quarto.

A 15 de setembro, em São Paulo, a Polícia Federal deteve Valdebran Padilha, filiado ao PT, e Gedimar Passos. Estavam hospedados em um hotel e tinham R$ 1,7 milhão em dinheiro vivo — recursos com os quais pretendiam comprar um falso dossiê sobre ligações entre a máfia dos "sanguessugas" e o candidato tucano ao governo do estado José Serra.

De acordo com a denúncia, Luiz Antonio Vedoin — que chefiava aquela máfia, especializada em desviar recursos do Ministério da Saúde — teria elaborado o dossiê fajuto, que já tentara vender, sem êxito, para jornais e revistas.

Novas investigações sobre o que (e quem) estaria por trás de Valdebran Padilha e Gedimar Passos implicariam vários petistas, alguns dos quais atuantes na coordenação da campanha de Lula e de Mercadante, candidato ao governo de São Paulo, e ligados ao presidente nacional do PT, o deputado paulista Ricardo Berzoini.

Como de hábito, Lula disse que não tinha relação com os detidos — utilizando-se inclusive da expressão "aloprados" para designá-los, ainda que entre estes estivesse Jorge Lorenzetti, seu amigo pessoal, conhecido como o churrasqueiro das festas promovidas no Palácio da Alvorada e na Granja do Torto,[46] e Freud Godoy, guarda-costas e amigo do presidente, proprietário de uma empresa de segurança que prestava serviços ao PT.

Curiosamente, a PF faria de tudo para esconder as imagens do dinheiro apreendido. Algumas fotos, entretanto, vazaram: pilhas e pilhas de reais e dólares de origem desconhecida. O governo trabalhava por atrasar a investigação, de modo que o que quer que fosse apurado não influenciasse a reeleição de Lula.

Segundo Marcio Thomaz Bastos, não se podia "condicionar uma investigação policial à lógica e ao tempo de uma campanha eleitoral"; não se podia "prejudicar uma investigação para obter um efeito eleitoral".

Desnecessário lembrar, portanto, que toda operação acabaria em nenhuma condenação.

Arrastando a maioria do PMDB a sustentar sua reeleição, Lula transformaria as alianças estaduais em condomínios para sua candidatura — não raro tendo "palanques duplos".

---

[46]Lorenzetti dirigia a ONG Unitrabalho. Durante os 8 anos da Presidência FHC a entidade recebeu do governo federal R$ 840 mil. Nos três primeiros anos do governo Lula teve um crescimento fantástico: obteve R$ 18,5 milhões.

Onde o PSDB era forte, estabeleceu alianças com seus adversários. O caso do Pará é exemplar. Empenhou-se como louco, sem constrangimento, para derrotar Almir Gabriel. Quase no final da campanha do primeiro turno, reuniu — no mesmo comício, em Belém — Ana Júlia (PT) e José Priante (PMDB), dois dos candidatos ao governo, adversários portanto.

Na ocasião, disse que a aliança "era uma aula de pós-graduação de sociologia política". Pouco antes, ainda na chegada ao Pará, fizera questão de beijar a mão de Jader Barbalho. O simbolismo do gesto foi marcante. Barbalho era constantemente acusado de práticas lesivas ao erário e renunciara ao mandato de senador com receio de cassação. Colecionava dezenas de ações na justiça. O servilismo do presidente da República, porém, não seria aleatório: de modo a se manter no poder, Lula dava novo sentido e legitimidade às antigas oligarquias que um dia execrara.

Àquela altura da campanha, era já evidente que conseguira virar o jogo. É verdade que obteria uma vitória relativamente apertada no primeiro turno, com 48,6% dos votos, contra 41,64% de Geraldo Alckmin. Heloísa Helena (6,85%) e Cristovam Buarque (2,64%) foram terceiro e quarto colocados, respectivamente.

Ocorridos às vésperas da eleição, o episódio do dossiê — "um tiro no pé", como o classificara — e a consequente prisão dos "aloprados" o prejudicaram na reta final do primeiro turno. Da mesma forma, a ausência no debate eleitoral patrocinado pela Rede Globo também o atrapalhara.

Nas semanas que antecederam a nova votação, porém, encampou um tom agressivo, mantendo-se sempre na ofensiva, e fez uma campanha em que resgatava temas que deixara de lado durante o mandato, como a defesa da presença estatal na economia, o que colocaria o candidato tucano nas cordas, uma vez que imputava a Alckmin bandeiras que o governador paulista jamais defendera — como a privatização da Petrobrás. A estratégia se mostraria um sucesso.

No segundo turno da eleição presidencial, Geraldo Alckmin obteve 37.543.178 votos — quase dois milhões e meio a menos do que no primeiro, um caso singular. Lula, de sua parte, aumentou seus votos em 12 milhões, o que significava 60,87%. Uma grande vitória, que expunha uma oposição desorganizada e sem convicções, ideologicamente frágil para o embate com o petismo.

Mesmo assim, o PSDB manteve o controle dos dois principais governos estaduais, São Paulo e Minas Gerais, onde vencera ainda no primeiro turno. Coube ao PMDB, contudo, os melhores resultados nas eleições para governador: sete vitórias.

Para a Câmara dos Deputados, o PT fora o partido mais votado, seguido de PMDB, PSDB e PFL. Dos deputados acusados como participantes do mensalão que concorreram a um novo mandato, sete se reelegeram, três dos quais petistas. (Cinco, porém, foram rejeitados pelas urnas.)

O caso mais simbólico foi o da deputada Ângela Guadagnin (PT-SP), conhecida nacionalmente pela "dança da pizza". Em 23 de março, após a absolvição, pelo plenário da Câmara, do mensaleiro João Magno (PT-MG), ela dançara de alegria em meio às cadeiras do parlamento. Seus passos desajeitados seriam fatais... As imagens percorreram o Brasil, recebidas como sinal de deboche frente às graves denúncias que pesavam sobre os petistas.

O eleitorado de Guadagnin — que tinha como base a cidade de São José dos Campos, no Vale do Paraíba paulista — deu-lhe a resposta: se em 2002 recebera 153 mil votos, quatro anos depois ficaria com apenas 1/5 deles, 37 mil, insuficientes à reeleição.

O sentimento ético dos eleitores, todavia, não esteve tão aguçado como parece, pois o deputado federal mais votado no Brasil em 2006 foi Paulo Maluf (PP-SP), com 739 mil votos.

Já para o Senado, o melhor resultado foi alcançado pelo PFL, que elegeu seis senadores, seguido pelo PSDB, com cinco, dois partidos de oposição — o que mostrava que a combatividade nos anos 2003-2005 tivera boa acolhida. O PMDB ficou em terceiro, com quatro senadores, enquanto o PT fizera somente dois, um no Acre (Tião Viana) e outro em São Paulo (Eduardo Suplicy, que venceu Guilherme Afif Domingos por mínima margem).

A nota triste foi para a eleição de Fernando Collor para o Senado. Candidato por um partido nanico, o PRTB, fez campanha de algumas semanas, ainda assim suficientes para bater o favorito, o ex-governador Ronaldo Lessa, com 44% dos votos (o adversário teve 40%).

A 27 de outubro, os controladores de voo deflagraram uma operação-padrão que, na prática, representou um movimento grevista. O problema é que eram militares, impedidos, portanto, de qualquer ação que violasse o regulamento disciplinar.

Os transtornos nos aeroportos foram enormes, com atrasos e cancelamentos de dezenas de voos. Ainda pior, porém, seria a insubordinação militar e a incapacidade para agir do então ministro da Defesa Waldir Pires.

Nada que pudesse atrapalhar o final de ano do governo, que terminava 2006 comemorando seus êxitos. O primeiro, claro, a reeleição de Lula. O PT, ademais, mantinha-se como o maior partido da Câmara. E a aliança com o PMDB indicava que o segundo mandato seria mais tranquilo que o primeiro.

A economia dava sucessivos sinais de melhora. O desemprego caiu para 8,4% (em 2005, fora de 9,3%), a balança comercial fechou com um saldo de US$ 46,4 bilhões, a inflação ficou em 3,1% e o PIB cresceu 4%, 0,8% melhor que em 2005, ainda que sensivelmente inferior aos resultados dos BRICs: a China crescera 11,1%, a Índia, 9,7%, e a Rússia, 6,7%.

Se o PT tivesse na economia a mesma eficácia demonstrada na superação da crise política, o Brasil poderia ter crescido a uma taxa próxima à da Rússia. Afinal, em termos políticos, o primeiro quadriênio de Lula pode ser dividido em três partes: a primeira, da posse até a eclosão da crise do mensalão, em maio de 2005; a segunda, e mais complexa, de maio a dezembro de 2005, quando o presidente conseguiu sobreviver, evitando, inclusive, a abertura de um processo de impeachment; e a terceira, o ano de 2006, o ano da virada, quando obteve o pleno controle do PT — desde então, o partido passou a ser um simples apêndice dos desejos de Lula —, estabeleceu sólidas alianças com as carcomidas oligarquias estaduais, garantiu o apoio do grande empresariado com uma política de associação e financiamento através dos bancos públicos e das empresas estatais, dominou o uso dos fundos de pensão controlados pelo governo e investiu na base da pirâmide social, saciada pelo Bolsa Família.

Lula — e não o PT — conseguiria também restabelecer a relação histórica com artistas e intelectuais petistas, abalada pelo mensalão. Foi muito comentada a reunião realizada no Rio de Janeiro, ainda em agosto, e as declarações de alguns participantes. O ator Paulo Betti, por exemplo, ao manifestar apoio ao presidente, disse que não era possível fazer política "sem pôr a mão na merda". O músico Wagner Tiso, por sua vez, falou que "não estava preocupado com a ética do PT". Declarações adequadas para os tempos lulistas.

O lulismo — não o petismo, este, sepultado na crise de 2005 — progressivamente moldou um Estado que permitia ampla e eficaz acumulação capitalista, tanto nacional quanto estrangeira, no entanto evitando, ao máximo, momentos de tensão social. Para isso, cooptou as centrais sindicais, os movimentos sociais e os "desorganizados" — aqueles milhões que vivem nos campos e nas cidades, sem vínculos com quaisquer formas organizativas.

A respeito desses últimos, histórica e ideologicamente associados a propostas consideradas "atrasadas", o pulo do gato lulista se daria por meio do Bolsa Família e de outras iniciativas assistenciais, num processo em que milhões de famílias passaram a receber benefícios permanentes, pois os programas só tinham porta de entrada. Assim, Lula conseguiu atrair os "desorganizados" para seu campo de influência, estabelecendo uma relação direta, essencialmente personalista, com os milhões de indivíduos sem experiência de participação política e que nunca tiveram atenção do Estado.

Este bloco foi soldado por artistas, jornalistas e intelectuais, financiados regiamente por estatais, pagos para louvar diuturnamente o lulismo e, mais especialmente, seu guia genial, Luiz Inácio Lula da Silva.

Propaganda à parte, seu primeiro mandato consistiu numa Presidência pobre em ideias e vulgar nos discursos. O Legislativo — depois da crise do mensalão — fora domado, transformado em correia de transmissão dos interesses do governo, recebendo, claro, o devido pagamento. Os partidos perderam qualquer caráter ideológico. E ele, só ele, fez política. Política pobre em conceitos e valores, recheada de metáforas do cotidiano — especialmente do "seu" cotidiano. Lula transformou o senso comum em filosofia. Em vez de um líder político, virou um animador de auditórios. Desprezou o passado. Para o lulismo, a história é sempre o presente.

Lula apequenou o Brasil, ou haveria outro modo de explicar como 2006, apesar de tudo o que ocorrera, pôde ser um dos melhores anos do lulismo? Ele não só estabelecera um bloco de poder sólido e conquistara a reeleição, mas sobretudo preparara as condições para fazer seu sucessor e manter o PT no governo. Não tinha rival no partido, nem na base governamental, à sua altura. Todos dependiam dele, de sua vontade imperial.

O que escreveu Euclides da Cunha sobre o presidente Floriano Peixoto, no ensaio *O Marechal de Ferro*, talvez possa ser aplicado, nos dias de hoje, a Luiz Inácio Lula da Silva:

> (...) seu valor absoluto e individual reflete na história a anomalia algébrica das quantidades negativas: cresceu, prodigiosamente, à medida que prodigiosamente diminuiu a energia nacional. Subiu, sem se elevar — porque se lhe operara em torno uma depressão profunda. Destacou-se à frente de um país, sem avançar — porque era o Brasil quem recuava, abandonando o traçado superior das suas tradições.[47]

---

[47] CUNHA, Euclides da. *Contrastes e confrontos*. Rio de Janeiro: Record, 1975. p. 54-55.

2007

LULA TOMOU POSSE, a 1º de janeiro, em clima eleitoral. Usou e abusou dos clichês. O entusiasmo de quatro anos atrás desaparecera. A reeleição de Lula abria uma espécie de vale tudo pelo poder.

No dia anterior, dois ministros, Paulo Bernardo e Nélson Machado, tinham comparecido ao réveillon patrocinado pela Coca-Cola vestidos de vermelho e preto, cores da empresa, de acordo com a determinação do patrocinador. Acharam aquilo absolutamente normal. Na cerimônia de posse, no Palácio do Planalto, o ministro da Cultura Gilberto Gil beijou a mão do presidente, caso único na história do Brasil.[48]

Quatro anos depois de uma festa concebida para as massas, era agora evidente o desinteresse popular. No gramado em frente ao Congresso havia, no máximo, 10 mil pessoas. Foi uma cerimônia formal, fria, ainda que, nos dois discursos, o presidente tentasse dar um tom de grandiosidade ao momento.

O primeiro se deu no parlamento, também esvaziado: dos 513 deputados, compareceram apenas 107; dos 81 senadores, somente 23. Os lugares vazios do plenário foram ocupados por jornalistas. Lula, ao chegar, recebeu aplausos protocolares dos presentes.

---

[48]Beijar a mão de Lula virou hábito nos tempos petistas. Na campanha eleitoral para o Senado, em 2010, no estado do Rio de Janeiro, o então candidato Lindberg Farias, na propaganda televisiva, apareceu beijando efusivamente a mão do presidente em sinal de agradecimento. E pior: foi eleito senador com 4.213.749 votos.

Ao caminhar para a mesa diretora dos trabalhos, teve seu caminho interrompido pelo senador Cristovam Buarque, seu adversário na eleição de outubro. Foi obrigado a cumprimentá-lo. O senador rompera com o PT na crise do mensalão e mantivera, desde então, uma posição de severa crítica ao governo. Mas, coisas de Brasília, seria picado pela mosca azul... Passou, então, a postular o cargo de diretor-geral da Unesco. Queria ser indicado pelo Brasil — o que o deixaria em situação privilegiada entre os eventuais candidatos ao cargo, pois Lula acumulara enorme prestígio internacional. Cristovam, porém, não seria atendido. O presidente apoiou o candidato do Egito, conhecido antissemita, afinal derrotado pela búlgara Irina Bokova.

No Congresso, Lula falaria por 36 minutos. Proferiu um entusiástico elogio de si próprio:

> Quatro anos atrás, nesta Casa, em primeiro de janeiro, vivi a experiência mais importante de minha vida — a de assumir a Presidência do meu país. Não era apenas a realização de um sonho individual. O que então ocorreu foi o resultado de um poderoso movimento histórico do qual eu me sentia — e ainda hoje me sinto — parte e humilde instrumento. Pela primeira vez, um homem nascido na pobreza, que teve que derrotar o risco crônico da morte na infância e vencer, depois, a desesperança na idade adulta, chegava, pela disputa democrática, ao mais alto posto da República.

No longo pronunciamento, leu frases de gosto duvidoso ("O Brasil não pode continuar como uma fera numa rede de aço invisível — debatendo-se, exaurindo-se, sem enxergar a teia que o aprisiona"), que, na estrutura, assemelhavam-se ao discurso de posse de Garrastazu Médici ("Creio no apressamento do futuro. E creio em que, passados os dias difíceis dos anos 60, amanhecerá, na década de 70, a nossa hora. E creio na missão de humanidade, de bondade e de amor que Deus confiou à minha gente").

Lula deixaria de lado o figurino "paz e amor", substituído, em seu segundo mandato, pelo "Brasil, ame-o ou deixo-o"[49] do regime militar, de modo que não terão sido acidentais, desde então, as elogiosas referências à gestão presidencial de Ernesto Geisel.

O presidente confundia discurso de posse — na verdade, qualquer discurso — com campanha eleitoral:

> A realização do segundo turno deu mais nitidez à escolha, contrapondo projetos de país com contornos bem definidos e diferenciados. O povo fez uma escolha consciente. Mais do que um homem, escolheu uma proposta, optou por um lado. Não faltaram os que, do alto de seus preconceitos elitistas, tentaram desqualificar a opção popular como fruto da sedução que poderia exercer sobre ela o que chamavam de "distribuição de migalhas".

E concluía: "Este povo constitui a verdadeira opinião pública do país, que alguns pretendem monopolizar." Estava claro que o segundo mandato seria de enfrentamento e aniquilamento da oposição. Quem estivesse com ele receberia as benesses do poder. Quem tomasse posição contrária, seria esmagado, considerado inimigo do povo e do Brasil.

Lula seguiu para o parlatório. Fez novo discurso. O público era pequeno. Mais uma vez, referiu-se à sua própria vida e infantilizou o papel do presidente: "Mesmo sendo presidente de todos, eu continuarei fazendo o que faz uma mãe, eu cuidarei primeiro daqueles mais necessitados, daqueles mais fragilizados."

---

[49] Em um discurso de improviso no Rio de Janeiro, a 5 de novembro de 2004, Lula disse: "Eu sou obrigado a olhar para vocês e dizer: eu acho que ninguém segura este país." Ninguém segura este país foi outro conhecido slogan da ditadura.

Encerrou a fala dizendo que "amanhã é dia de nós dizermos, em alto e bom som: deixa o homem trabalhar, senão o país não cresce como precisa crescer". Apesar do tom enfático, de defesa do trabalho, pouco depois saiu em férias. Ficaria veraneando, por dez dias, na Bahia. Assim começava o segundo mandato de Lula.

O presidente fora descansar. Mas esquecera de designar o novo ministério. Alguns ministros já tinham manifestado, há várias semanas, o desejo de sair do governo. A maioria de seus auxiliares, porém, não sabia se permaneceria ou não.

De início, a intenção de Lula era mesmo só tratar do assunto ao voltar das férias na praia. Depois, mudaria de ideia. Era melhor deixar tudo para fevereiro, após as eleições para as presidências da Câmara e do Senado. Esperaria esses resultados para promover a partilha da máquina estatal.

Era o Lula de sempre. Nada aprendera com a crise do mensalão. Deixava o enfadonho dia a dia administrativo para sua fiel e obediente auxiliar, Dilma Rousseff.

O PT também continuava o mesmo. Aproveitando o alegre clima da época das festas e da posse de Lula, Ricardo Berzoini reassumira a presidência do partido. Tinha se licenciado, em setembro, quando do escândalo da compra do "dossiê dos aloprados". Três meses depois, no entanto, voltava com tudo. Afinal, poucos se lembravam do ocorrido.

O partido lançou Arlindo Chinaglia como candidato à presidência da Câmara. Com sucesso: em disputa contra o ex-ministro Aldo Rebelo, venceu por 261 a 243. O petista contara, no segundo turno, com o apoio da oposição — uma opção difícil de compreender. Entre Aldo e Chinaglia, parecia evidente que a escolha dos oposicionistas deveria recair no deputado do PCdoB, que prometia certa independência do Palácio do Planalto. A oposição, no entanto, fez o contrário: apoiou o candidato de Lula.

No Senado, Renan Calheiros seria o escolhido. Ele assegurava manter "independência" do governo.

Para conferir algum aspecto de planejamento às atividades do governo, lançava-se o Programa de Aceleração do Crescimento — o famoso PAC. Numa bem organizada operação de marketing, o Planalto transformara um mero ajuntamento de ações governamentais em um suposto plano de desenvolvimento.

Os investimentos previstos eram de R$ 500 bilhões, um valor considerável. Porém, somente R$ 11,5 bilhões representavam novos investimentos. O restante, promessa antiga, já fora anunciado: algumas obras estavam em andamento ou integravam o orçamento de 2007. Mas o barulho seria grande. E esse era o objetivo do governo, que, nos quatro anos anteriores, não conseguira apresentar um consistente programa econômico.

O PAC passou a ser uma espécie de sigla mágica para qualquer ação do governo federal. Consistência? Nenhuma. O "programa" não enfrentava os tão falados gargalos da economia. Mas a sigla pegou.

Semanas e mais semanas seriam ocupadas com a discussão da reforma ministerial. Debate programático? Zero. A divergência se mobilizava sobre o butim governamental — isto, sim. Lula não tinha a mínima disposição de resolver rapidamente as pendências. Estipulara, de início, o carnaval como marco, mas logo empurraria o enfrentamento da questão para março.

Enquanto isso, o país aguardava e o mundo — especialmente os países emergentes — continuava em ritmo de intensas mudanças. Basta recordar que, no primeiro quadriênio lulista, o Brasil crescera em média 2,6%, e a economia mundial, quase o dobro, a 4,8%. No entanto, a demora em definir o novo ministério — assunto que ocupava a imprensa desde outubro de 2006 — sugeria que os números estivessem invertidos.

Finalmente, a 14 de março, Lula anunciou os nomes. Em vez de enxugar a máquina ou, ao menos, manter o mesmo número de ministério, resolvera ampliá-lo. Tudo para contentar a base e facilitar ainda mais a administração política.

Uma das criações foi a Secretaria dos Portos, desmembrada do Ministério dos Transportes e entregue ao PSB — na verdade, a pasta fora "dada" à família Gomes, liderada por Ciro. O PMDB, por sua vez, saltava de dois para cinco ministérios. Mas um de seus indicados, Odilo Balbinoti, deputado pelo Paraná, designado para a Agricultura, mal fora anunciado e já trazia sérios problemas ao Planalto, investigado que era — em inquérito que corria no STF — por falsidade ideológica e crime contra a fé pública.

Dias depois, devido ao acúmulo de denúncias, Balbinoti desistiria do ministério, rapidamente substituído pelo também peemedebista paranaense Reinold Stephanes.

Espantosamente, o primeiro trimestre passaria sem que fosse concluída a nomeação de todo o ministério. Ainda faltavam, então, quatro nomes. Ao final daquele lento processo, o espaço do PT diminuiria, mas o partido, mesmo assim, ficaria com dezesseis pastas.

O que de fato chamaria a atenção de todos foi a recepção festiva que o senador Fernando Collor teve no Palácio do Planalto, em 21 de março. Em audiência de duas horas — algo absolutamente fora dos padrões, pois, a rigor, esse tipo de encontro nunca excede uma hora —, Lula e Collor trocaram elogios mútuos.

O ex-presidente disse que foi "recebido de forma carinhosa por Lula" e que "ficou sensibilizado". Dentro de sua particular concepção de ética, disse: "Quem está na vida pública sabe diferenciar muito bem o que são passagens no calor e no fragor de uma campanha eleitoral e o que são passagens de um tempo normal. Então ele [Lula] sabe, como eu sei, e isso nós já colocamos. É como se fosse uma coisa que não tivesse sequer existido." Os dois se despediram com um forte abraço e tapas nas costas.

Em vez de aproveitar a força decorrente da reeleição para compor um governo que combatesse a corrupção e se afastasse de uma base de apoio fisiológica, Lula agiria justamente em sentido contrário, atirando-se nos braços do que havia de mais corrupto e atrasado na política brasileira.

Um fato importante — e que marcaria o segundo mandato de Lula — foi a designação de Franklin Martins para a Secretaria de Comunicação Social. O jornalista tinha uma longa carreira política, iniciada no MR-8, e fora um dos participantes do sequestro do embaixador americano Charles Elbrick.

Trabalhava, então, na Rede Globo. Conhecia as entranhas do poder brasiliense. Sabia, como poucos, construir uma relação — favorável ao governo — com a mídia. E acabaria se transformando, como no clássico de George Orwell, no ministro da verdade de Lula.

Antes dele, havia uma tímida política de apoio governamental à imprensa chapa-branca. Já era dada atenção especial aos veículos de comunicação — incluindo internet e blogs — que apoiavam o PT. Mas só com Franklin a máquina seria profissionalizada, azeitada e ampliada.

Através de "patrocínios" do governo federal e de empresas estatais, milhões de reais foram destinados aos apoiadores do petismo, e se organizou, como nunca na história do Brasil, uma rede eficaz de propaganda dos êxitos — reais ou não — da administração de Lula. Aos críticos do lulismo — transformados não em adversários, mas em inimigos — reservou-se o epíteto de membros do "partido da imprensa golpista".

A cooptação das centrais sindicais, iniciada no primeiro governo, completar-se-ia em 2007. Ao PDT — com forte influência na Força Sindical — foi reservado o Ministério do Trabalho, transformado em um aparelho pedetista com tentáculos em todo o país. Afinal, em cada estado há uma delegacia regional do Trabalho — e com muitos cargos.

Durante anos, a CUT, braço sindical do PT, atacou a Força, que acusava de praticar um sindicalismo de resultados, de baixo nível político e sempre em busca de acordos com os patrões. A central combativa e autêntica, portanto, seria a CUT. Os tempos, contudo, mudaram... E ninguém mais falava em sindicato revolucionário.

Entre 2003 e 2006, o governo transferiu R$ 72 milhões para as centrais sindicais. Nunca os sindicalistas tiveram tanto dinheiro e poder. Formaram, desde então, a aristocracia sindical, dependente financeiramente e servil politicamente ao Estado.

A economia dava sinais de que o ano seria bom. A taxa de juros continuava alta — era, em termos reais, a mais alta do mundo — e atraía capital especulativo. No primeiro quadrimestre, o fluxo de capital especulativo quintuplicara, saltando para US$ 24 bilhões, contra US$ 4,8 bilhões, no mesmo período, em 2006.

A cotação do dólar caiu e a inflação deu sinais de estar sob controle. As exportações aumentaram significativamente, o que facilitava a entrada de grande volume de dólares, além dos investimentos diretos e dos especulativos, todos ensejados pela estabilidade econômica. A queda do dólar permitia ampliar as importações e conter internamente eventuais aumentos de preço — mesmo criando alguns problemas para as exportações, especialmente de produtos industrializados.

Ainda em função do dólar barato, a classe média — graças ao que se chamaria de "bolsa Miami" — passou a ver com melhores olhos o governo. Nunca se viajou tanto para o exterior como naqueles anos. Bilhões de reais foram gastos em turismo — e mal gastos, se considerado o desperdício de recursos que poderiam circular na economia nacional.

O aumento das reservas internacionais derrubou o risco Brasil. Em maio, pela primeira vez, o dólar foi cotado abaixo de R$ 2. No mesmo mês, porém, seria divulgado que, das 1.646 medidas prometidas no PAC, apenas metade tivera efetivo desenvolvimento, poucas das quais dentro do cronograma estabelecido.

Os recursos simplesmente não eram disponibilizados. Somente 12% dos investimentos programados tinham sido liberados.

Se na economia o clima era favorável, na política havia sinais de mau tempo. No STF, seguia o inquérito do mensalão e o relator, o ministro Joaquim Barbosa,[50] pretendia concluí-lo no início do segundo semestre.

---

[50]Segundo Frei Betto, o ministro Barbosa teria chegado ao STF por seu intermédio: "Pouco antes da virada do ano fui à agência da Varig, em Brasília, tratar do meu retorno a São Paulo após a posse presidencial. Perante enorme fila, agarrei a minha senha e instalei-me no primeiro banco vazio encontrado pela frente, ao lado de um cidadão negro que eu nunca vira. — Você é o Frei Betto? — indagou-me. Confirmei. Apresentou-se: Joaquim Barbosa, jurista, Procurador Regional da República, professor de Direito no Brasil e nos EUA. Trocamos ideias e, ao me despedir, levei dele o cartão e a boa impressão." O cartão foi depois encaminhado ao ministro da Justiça, pois Lula estava à procura de um ministro negro para o STF. Ver BETTO, op. cit., p. 82. Além de Barbosa, em 2003, Lula indicou mais dois ministros: Cézar Peluso e Carlos Ayres Brito.

Em outra frente, as operações da Polícia Federal, sempre realizadas com ampla cobertura da imprensa, aparentemente orientadas para o combate à corrupção, acabaram atingindo o governo, direta ou indiretamente. Numa delas, ficaria patente o triste comércio de venda de sentenças judiciais, escândalo que atingiu até um ministro do STJ. Noutra, donos de bingos eram acusados de pagar propinas a congressistas.

A Operação Navalha, deflagrada em 17 de maio, prenderia 46 suspeitos em nove estados, acusados de integrar uma quadrilha especializada em desviar recursos públicos. Segundo a denúncia, a construtora Gautama seria a principal articuladora do esquema de corrupção. Vários políticos e empresários foram detidos.

O ministro dos Transportes, Silas Rondeau, indicado para o cargo pelo senador José Sarney, teria vinculações com o golpe e recebido R$ 100 mil de propina. A Gautama, de acordo com a PF, atuaria em mais cinco ministérios: Integração Nacional, Transportes, Planejamento, Cidades e Fazenda.

Duas semanas depois, nova operação da PF, agora contra a máfia dos caça-níqueis, alcançaria um dos irmãos de Lula, Genival Inácio da Silva, o Vavá. Ele tentara favorecer, por meio de tráfico de influência, empresários que tinham negócios com o governo, e ficaria conhecido pela frase pronunciada ao pedir propina: "Ô, arruma dois pau pra eu."

Lula, sempre condescendente em assuntos de corrupção, declarou que duvidava que seu irmão fosse lobista, pois, segundo o presidente, Vavá era um homem simples, sem a articulação necessária para fazer lobby.

Aquelas grandes e espalhafatosas operações da PF, na maioria das vezes, resultaram em nada, de todo ineficazes, tanto do ponto de vista jurídico, pois os principais acusados não seriam condenados, quanto administrativo, uma vez que os desvios de recursos públicos se mantiveram.

E, pior: a corrupção passara a ser encarada como algo natural, e as ações da PF, como exemplos de que o governo combatia os desvios. Era o paradoxo lulista: estimulava a corrupção e permitia à PF certo tipo de ação. Algum resultado prático? Nenhum. Como marketing político, entretanto, não podia ser mais eficiente.

A sucessão de escândalos atingiria, ainda em maio, o presidente do Senado, Renan Calheiros. Descobriu-se que um lobista da construtora Mendes Júnior pagava o aluguel e uma pensão mensal para a jornalista Mônica Veloso,[51] que tivera uma filha com o senador.

Renan negou, mas, a cada negativa, novas provas eram arroladas, e a documentação que apresentou seria desmoralizada pelas investigações da imprensa.

O Conselho de Ética do Senado resolveu abrir um processo. Toda esta trama tomaria semanas, amplamente coberta pela mídia, tudo em clima de novela. Renan usou de todos os subterfúgios para se manter na presidência do Senado e salvar seu mandato — o que afinal conseguiria. Em setembro, quatro meses depois da divulgação do escândalo, em votação secreta, obteria quarenta votos contra a cassação, batendo assim os 35 favoráveis. (Houve seis abstenções.) Em nota, sem qualquer constrangimento, o senador considerou o resultado "uma vitória da democracia".

Em outubro, pediria 45 dias de licença da presidência do Senado — isto depois de 134 dias de crise contínua. Em dezembro, no entanto, renunciou,[52] pouco antes de ser novamente julgado pelo plenário da Casa, sobre outro processo — ocasião em que

---

[51] A jornalista acabou posando para a capa da *Playboy*, edição de outubro. Foi um dos números mais vendidos da revista.
[52] Renan Calheiros foi substituído na presidência do Senado pelo senador Garibaldi Alves (PMDB-RN).

teve margem ainda maior de votos: 48 votos contra sua cassação, 29 a favor e três abstenções.

A submissão do Brasil aos países bolivarianos e assemelhados se aprofundaria no segundo mandato de Lula. Em maio, Evo Morales, presidente da Bolívia, formalizou a "compra" das refinarias da Petrobras ocupadas em 2006 *manu militari*. Acertara-se, para a "compra", um valor sensivelmente inferior ao investido pela empresa brasileira. Lula aceitou passivamente tanto a ocupação das refinarias quanto o "negócio". Já concordara com o abusivo aumento do gás, que prejudicou empresas e consumidores privados no Brasil.

Não havia quaisquer justificativas para o comportamento do governo brasileiro, muito menos para aquelas decisões, lesivas ao patrimônio público do país, a não ser a simpatia ideológica com o regime de Morales. Em momento algum Lula faria menção ao interesse nacional brasileiro.

Desde o primeiro governo, Lula insistia na proposta doidivana de transposição das águas do rio São Francisco. Não era novidade. Ele retirara da poeira dos arquivos o projeto apresentado, originalmente em 1818, pelo primeiro Ouvidor do Crato, Ceará. No programa de governo para a campanha de 2002, o Nordeste sequer fora citado. Era o desejo de "querer fazer alguma coisa", portanto, o que alentava aquela ideia. Logo, e mais uma vez, os especialistas do semiárido nordestino demonstrariam que o problema da região não era a falta de água, mas a ausência dos meios para conservá-la, associados ao desenvolvimento de uma economia agropecuária adequada ao regime de chuvas e ao estabelecimento de infraestrutura estatal de apoio ao pequeno e médio agricultor/criador.

Apostar em um programa renovador, contudo, não era característica de Lula. Além do quê, a independência econômica do sertanejo abriria a possibilidade da independência política frente aos velhos coronéis. E o presidente estabelecera uma aliança com os "senhores do baraço e do cutelo", como diria Euclides da Cunha. Então, contra a sensatez, iniciou os estudos e começou a obra. Torraria R$ 8 bilhões. Sete anos depois, entretanto, os canais estão inconclusos, as represas, abandonadas, e a água, escassa como antes.

A partidarização da máquina estatal, intensificada no segundo governo, incluía as agências reguladoras. A ANAC, por exemplo, era muito criticada desde o início do ano. Os aeroportos haviam se transformado em rodoviárias mal organizadas. O caos aéreo ocupara amplo espaço na imprensa.

A grave situação da ANAC relacionava-se aos ministérios da Defesa e do Turismo. No caso deste último, em meio à gritaria geral contra os péssimos serviços nos aeroportos e das próprias companhias aéreas, ficaria célebre uma frase — absolutamente infeliz — da responsável pela pasta, Marta Suplicy. Entrevistada sobre os problemas, resolvera fazer piada: "Relaxa e goza, que você esquece todos os transtornos depois."

Em meio ao caos aéreo, que se manteria durante boa parte do ano, ocorreu, a 17 de julho, o trágico acidente com o avião da TAM no aeroporto de Congonhas, em São Paulo. Morreram 199 pessoas. Foi uma comoção nacional. A ampla cobertura da imprensa deixara o governo em maus lençóis. E logo pipocariam novas acusações contra a ANAC. Onde, porém, estava Lula? Mantendo a tradição de se afastar das luzes quando frente a desgraças, o presidente não foi a São Paulo — e simplesmente emitiu uma nota de pêsames burocrática. Queria "preservar sua imagem".

No final de julho, Nélson Jobim assumiu o Ministério da Defesa. A gestão de Waldir Pires fora catastrófica. Acumularam-se a rebelião dos controladores de voo, a desorganização nos aeroportos, a ação predatória das companhias aéreas e a absoluta inoperância ante uma situação que afetava milhares de passageiros.

Jobim, que fora ministro da Justiça de FHC e presidente do STF, surgia como uma solução frente à inépcia dos últimos ocupantes do cargo — antes de Pires, José Alencar.

Também no setor, o governo tinha inúmeras obras atrasadas. Dilma Rousseff, no entanto, anunciou que um novo aeroporto seria erguido na região metropolitana de São Paulo, para desafogar o trânsito de Congonhas — promessa que sequer se transformou em projeto, acabando esquecida.

Seguindo a cartilha petista, o caos aéreo era atribuído à bonança econômica. Ou seja, com mais dinheiro disponível ao consumo, mais passageiros demandavam o sistema. A crise seria, pois, de prosperidade, e não de absoluta inoperância gerencial. A saída encontrada consistia em tergiversar o problema: aumentando o preço das passagens, tentando reduzir o tráfego aéreo.

A repatriação forçada de dois boxeadores cubanos, Guilhermo Rigondeaux e Erislandy Lara, que vieram participar dos jogos Pan-Americanos no Rio de Janeiro, causaria grande escândalo. Os boxeadores tentaram obter refúgio no Brasil. Não conseguiram. O governo os deteve e os enviou para Cuba em avião venezuelano especialmente cedido por Hugo Chávez.

Lula fez o papel de um capitão do mato do século XXI. Associado à ditadura castrista, o Planalto divulgou a versão de que os boxeadores teriam pedido para voltar a Cuba. Dois anos depois,

Rigondeaux e Lara fugiriam da ilha. Foram para o México e de lá para os Estados Unidos — sem serem devolvidos ao país de origem. Conquistaram a liberdade negada por Lula.

No final de agosto, o STF recebeu o inquérito 2.245, que se transformaria na ação penal 470 — o processo do mensalão. Era uma derrota para o Planalto. Afinal, entre os quarenta réus estavam José Genoíno, ex-presidente do PT, João Paulo Cunha, que presidira a Câmara dos Deputados entre 2003 e 2004, Delúbio Soares, tesoureiro petista, e principalmente José Dirceu, ex-ministro da Casa Civil e homem forte do governo entre 2003 e 2005, então considerado o "capitão do time" pelo presidente.

Durante dois anos, Lula insistira em afirmar que o mensalão não tinha existido e que tudo não passaria de uma conspiração das elites. Encontrou eco especialmente na internet, entre os blogueiros chapa-branca.

De forma malandra, após a aceitação do inquérito pelo STF, o presidente declarou que a oposição tentara atingi-lo com o mensalão, mas que "61% do povo deu a resposta na eleição do ano passado". Dias depois, no congresso nacional do PT, voltaria a desafiar o Supremo. Disse que "ninguém neste país tem mais autoridade moral e ética do que o nosso partido". Em outras palavras, as urnas — na figura dele, Lula — teriam inocentado os petistas. Falácia, claro.

A verdade é que a simples existência da ação penal era um complicador para o governo, pois mantinha o mensalão na agenda política. Medrosa, incapaz e oportunista, a oposição, no entanto, assistia a tudo e nada fazia. Ademais, muitos dos seus eleitos em 2006 acabariam migrando para a base governamental, seduzidos pelas benesses oferecidas pelo Planalto. Isto explica as fáceis vitórias obtidas na Câmara. O Senado, àquela altura, ainda era um problema para o governo.

O índice de aprovação pública de Lula continuava muito alto — em boa parte devido ao andamento favorável da economia. Mas não só. Havia, além disso, o poder de comunicação do presidente e sua habilidade para não se macular com os escândalos de corrupção, a consolidação dos programas assistencialistas, especialmente o Bolsa Família, a expansão do crédito e o aumento do salário mínimo. Esse conjunto de fatores transformara Lula em um fenômeno de marketing.

A economia dera alguns sinais negativos preocupantes, reflexo da crise imobiliária americana: uma leve subida do dólar e do risco-país. O ministro Mantega, entretanto, insistia em reafirmar a ladainha de que a economia brasileira possuía "fundamentos sólidos".

Em setembro, as importações seriam superiores às exportações, e a queda no saldo da balança comercial começaria a preocupar as autoridades econômicas. A entrada de capital estrangeiro, porém, continuava a crescer, até porque os investidores procuravam mercados fora do eixo Europa-Estados Unidos.

A administração do varejo econômico era eficaz, mas perdera de vista as questões estruturais, à medida que, receando algum tipo de interferência nas eleições de 2010, o projeto político petista evitava qualquer correção de rumo.

Os primeiros balões de ensaio sobre a possibilidade de uma reforma constitucional que garantisse um eventual terceiro mandato para Lula começaram a ser lançados em setembro.

O patrono da ideia foi o deputado Devanir Ribeiro, do PT de São Paulo, do círculo íntimo do presidente. De acordo com o deputado, um plebiscito poderia aferir o desejo dos eleitores a respeito. A ideia encontrou pronta oposição do presidente do TSE, o ministro Marco Aurélio, que a considerou uma "blasfêmia". Para ele, aquilo "seria inimaginável e não atenderia às premissas de um Estado democrático, como o que vivemos. Não seria bom para o Brasil nem para o presidente Lula". Observou também que a "paixão condenável está no apego ao poder, independentemente das balizas legais". E ironizou: "A pensar-se num terceiro mandato, porque pensar-se também na vitaliciedade."

O principal beneficiário da proposta, o presidente da República declarou não apoiá-la, mas aproveitou a oportunidade para destacar, sub-repticiamente, sua própria importância para o país: "Continuo dizendo que esse negócio de você achar que tem pessoas que são imprescindíveis, insubstituíveis, não existe na política. Está cheio de brasileiros e brasileiras com condições de governar o país."

Devanir Ribeiro, contudo, insistiria, agravando ainda mais sua proposta: queria que o plebiscito fosse convocado pelo próprio Lula. Ou seja, propunha transferir uma prerrogativa do Congresso para o Executivo. Acrescentava que o presidente poderia então utilizar a consulta para ouvir diretamente a população sobre vários temas, inclusive seu mandato.

Seria a jogada mais ousada dos lulistas, certamente influenciados pelo chavismo venezuelano. Como a repercussão no Congresso e na imprensa, contudo, foi negativa — nenhum líder político ou empresarial fez qualquer manifestação favorável —, a ideia ficaria de lado.

Lula surfava numa onda de otimismo. Habilmente, conseguira transformar um índice razoável de crescimento econômico em percepção pública de resultado econômico chinês. Proferiu dezenas de discursos — chegaria a três num mesmo dia. Ganhou a batalha da comunicação pela ousadia e pela capacidade de convencimento.

A oposição silenciara, receosa da popularidade crescente de Lula — mais uma justificativa para que os opositores continuassem omissos. E assim erguia-se e consolidava-se o mito do "presidente Lula", a somar-se ao outro, o do "líder operário", mais antigo, que remontava aos anos 1970 e que fora edificado por acadêmicos e jornalistas.

A todo momento, ao longo de seus oito anos de governo, Lula faria referência aos tempos de operário, sempre exagerando ou mentindo, sem qualquer pudor, a respeito. Chegou a dizer que "tinha ficado 27 anos no chão de fábrica".[53] Mentira.

Segundo sua biógrafa oficial, ele começara a trabalhar, depois de formado no SENAI, em 1963, e deixou o "chão da fábrica" — no caso, a Villares — em 1972.[54] Portanto, trabalhou nove anos, e não 27!

As viagens internacionais reforçavam a quimera. Era recebido com mais pompa e elogio a cada país que visitava. Em 27 de setembro, discursou na ONU — seguindo a tradição inaugurada por João

---

[53] SADER, Emir (Org.). *Dez anos de governos pós-liberais no Brasil*: Lula e Dilma. São Paulo: Boitempo, 2013. p. 23.
[54] PARANÁ, Denise. Op. cit., p. 75 e 102.

Figueiredo em 1982[55] — e defendeu entusiasticamente o etanol, que esqueceria no ano seguinte, bem como de outras energias renováveis, quando confirmadas as descobertas de jazidas de óleo no pré-sal brasileiro.

Ao falar da Amazônia, fugiu à verdade: "O Brasil tem feito esforços notáveis para diminuir os efeitos da mudança do clima. Basta dizer que, nos últimos anos, reduzimos a menos da metade o desmatamento da Amazônia. Um resultado como este não é obra do acaso."

O sucesso no exterior servia como um complemento à política interna. E o peso principal estava sobre a economia. O relativo equilíbrio das contas do governo vinculava-se ao permanente aumento da carga tributária (36% do PIB).

O esforço político de Lula consistia então em estender a cobrança da CPMF até 2011. A contribuição arrecadava R$ 40 bilhões por ano. Conseguiu aprovar a prorrogação na Câmara. No Senado, entretanto, a história seria muito distinta.

---

[55]"Vários delegados estrangeiros que se davam comigo perguntaram-me por que o Brasil era sempre quem abria o debate geral na assembleia. Recorri a Cyro [de Freitas Valle], que nos representara na primeira parte da primeira sessão da Assembleia Geral, ainda em Londres. Contou-me uma história autenticamente cyriana. Não desejando nem os EUA nem a URSS para abrir o debate, o secretariado sondou vários países europeus, que se recusaram, alegando geralmente não poderem falar proveitosamente sem antes ouvir as superpotências. Esgotadas as potencialidades europeias, o secretariado recorreu ao Brasil, e Cyro imediatamente aceitou. Disse-me que lhe parecera que, se falasse depois das superpotências, não teria nada mais a acrescentar. Fez um discurso curto, à sua maneira, assinalando as dificuldades para cumprir a carta e a indispensabilidade de fazê-lo. Nos anos seguintes, a delegação do Brasil sempre se inscrevia para iniciar o debate. Com o tempo, formou-se o costume por todos respeitado, embora não se reflita no regimento interno. O discurso é geralmente feito pelo ministro de Estado. Figueiredo foi o primeiro chefe de governo brasileiro a pronunciar esse discurso inicial." (SARAIVA GUERREIRO, Ramiro. *Lembranças de um empregado do Itamaraty*. São Paulo: Siciliano, 1992. p. 41-42).

Na Comissão de Constituição e Justiça, o governo logrou derrubar o relatório que vetava a prorrogação. Depois de uma batalha no plenário, porém, não alcançaria os 49 votos necessários, mas apenas 45.

Lula identificou, segundo sua ótica, a raiz da derrota: "A direita não tem coração. Se fosse para dar dinheiro para os ricos, eles votariam." O governo, todavia, teria uma compensação: o Senado aprovara a prorrogação da DRU (Desvinculação das Receitas da União), que permitia a livre utilização de 20% das receitas — o que não era pouco. Desta vez, o presidente silenciaria.

Mesmo com a derrota no episódio da CPMF, o governo fechava um ano vitorioso. O PIB crescera 5,4% (abaixo, porém, do crescimento mundial, de 5,8%, e muito abaixo dos resultados de Rússia, 8,1%, Índia, 9,3%, e China, 11,9%) e a inflação caíra para 3,6%, embora a taxa Selic continuasse alta: 12%. O desemprego ficaria em 8,2% — uma queda de apenas 0,2% em relação ao ano anterior.

A Petrobras havia anunciado a descoberta do maior campo de petróleo no país: o de Tupi (renomeado Lula, em 2010, para homenagear o presidente), localizado na bacia de Santos. Segundo a propaganda oficial, o Brasil passaria a ser um grande exportador do óleo. E a megalomania lulista ampliaria ainda mais o suposto feito: o país seria o novo membro da OPEP (Organização dos Países Exportadores de Petróleo).

Seis anos depois, contudo, o país continuava a importar gasolina e derivados de petróleo.

2008

O ANO COMEÇARIA COM a comunidade internacional preocupada ante a crise norte-americana. O presidente George W. Bush, na última coletiva de imprensa de 2007, assegurara que os fundamentos da economia americana eram fortes. Crescia, porém, o número de economistas que previam o início de um período recessivo.

O pessimismo rondava os bancos europeus, expostos a títulos de alto risco no mercado imobiliário dos EUA. No Brasil, bancos e consultorias aventavam que a possível crise nos países desenvolvidos, o fim da CPMF e a ameaça de alta na inflação poderiam afetar o cenário de 2008.

Com a finalidade de compensar a extinção da CPMF, o Palácio do Planalto anunciou a elevação de impostos. Aumentaram-se as alíquotas do Imposto sobre Operações Financeiras e da Contribuição Social sobre o Lucro Líquido, que deveria financiar a Previdência Social.

Foram divulgados cortes de R$ 20 bilhões no orçamento. Mas era o ambiente externo que preocupava mais. As principais bolsas de valores caíram após o Citibank apresentar prejuízos de US$ 9,83 bilhões no quarto trimestre de 2007 — o maior em dois séculos.

O resultado, relacionado às operações no mercado imobiliário, aprofundara os temores de recessão na economia americana. Bush anunciou reduções de impostos no valor de até US$ 150 bilhões

(1% do PIB americano). Na Bovespa, as perdas, somente no mês de janeiro, chegariam a quase 20%.

Se na economia as notícias eram preocupantes, na política o quadro não diferiria muito. A 21 de janeiro, o senador Edison Lobão (PMDB-MA), por indicação de José Sarney, foi nomeado ministro das Minas e Energia. Não tinha qualquer qualificação para o cargo — e representava mais uma demonstração de força de Sarney, que controlava o setor elétrico.

O PMDB passara a ocupar cargos importantes no governo e detinha seis ministérios. Em 2003, no início da primeira Presidência de Lula, o partido ficara sem qualquer pasta. Em 2005, entretanto, já ocupava três. Aquela escalada era uma das peças da estratégia de Lula para amarrar o PMDB com vistas à sucessão presidencial de 2010. Como de hábito, o presidente pensava mais no projeto de poder do PT — e no seu, destacadamente — do que na administração pública.

A 2 de fevereiro, depois de longa agonia, a ministra Matilde Ribeiro caiu. Passara quase ignorada no cargo de secretária especial da Igualdade Racial, só se destacando, paradoxalmente, pelo vazio no campo das realizações. Usou indiscriminadamente, no entanto, o cartão corporativo, inclusive para gastos pessoais. Foram R$ 171.500 em aluguel de carros e com despesas em padarias, bares, choperias, restaurantes e até no *free shop*.

Esse comportamento da ministra não era exceção, mas uma postura de governo — e em expansão. Em 2004, por exemplo, 3.167 servidores detinham este tipo de cartão. Em 2008, o número triplicara: 11.510. Em 2003, gastou-se com cartões corporativos

R$ 8,7 milhões de reais. Quatro anos depois, o valor total atingiria R$ 78 milhões — um aumento de 900%! Não havia qualquer tipo de controle sobre essas despesas. Na maior parte das vezes, os portadores dos cartões realizavam saques em dinheiro — e de quantias consideráveis.

Os seguranças que protegiam a família de Lula, em São Bernardo do Campo, consumiram R$ 150 mil na manutenção de veículos, na construção de uma academia de ginástica e em churrascarias.

O ministro da Pesca, Altemir Gregolin, tão desconhecido do público quanto Matilde Ribeiro, foi mais um que utilizou o recurso de forma abusiva: foram identificados gastos de alimentação e diárias de hotel durante o carnaval — e no Rio de Janeiro. Singelamente, o ministro se defenderia: estava a serviço, pois uma das escolas de samba cariocas tinha como enredo o bacalhau.

A gastança — que atingira também as agências reguladoras — era generalizada e descontrolada, de modo que até uma CPI seria criada para investigar o descalabro. Mas logo fracassou. O governo então daria o troco e divulgaria despesas da gestão de Fernando Henrique com cartões corporativos. Um dossiê, vazado para a imprensa, teria sido elaborado na Casa Civil por Erenice Guerra, subordinada de Dilma Rousseff.

O grande assunto era a crise mundial. Não se imaginavam a extensão nem o grau de seus efeitos. Na China, empresas perderam mais de um quinto de seu valor somente em janeiro. O Brasil, porém, parecia resistir bem.

Ainda assim, o ritmo de retirada do capital estrangeiro desmentiu a tese de "descolamento", segundo a qual países emergentes seriam pouco afetados pela desaceleração da economia americana.

De acordo com o Banco Central, os ativos que o governo e a iniciativa privada acumularam no exterior superavam o valor total da dívida externa em US$ 4 bilhões. Entre os itens que propiciaram a redução da dívida, destacava-se a alta das reservas internacionais, impulsionada pelas exportações. Com a notícia, o dólar fecharia janeiro em R$ 1,712 — a menor cotação desde maio de 1999.

A tributação continuava em alta. Em janeiro, primeiro mês sem a cobrança da CPMF, a arrecadação subiria acima da inflação, num total de R$ 9,6 bilhões (20% superior à do mesmo período em 2007). Ou seja, os temores eram infundados: a máquina arrecadadora continuava voraz e eficiente, muito diferente dos serviços prestados pelo Estado.

A 13 de março, o ministro Guido Mantega apresentaria boas notícias, mas a respeito do ano anterior. A economia brasileira crescera 6,1%, ante 4% em 2006. E foram fatores internos — como o consumo das famílias — os que mais haviam contribuído para aquele resultado positivo.

Remanescia, contudo, o receio de que o volume da entrada de capitais não fosse capaz de suprir o aumento do consumo doméstico, gerando inflação. Para Mantega, a economia tenderia a crescer menos em 2008 por conta da crise financeira internacional.

Politicamente, o governo vivia um excelente momento. Depois de se definir em relação à sua sucessão, deixando claro que não tentaria um terceiro mandato seguido, Lula passaria a "trabalhar" sua candidata: Dilma Rousseff. Malandramente, ignoraria a legislação eleitoral, mas usaria da lei para impedir que outros possíveis candidatos iniciassem a campanha.

Levava Dilma a todo evento público. Foi no Complexo do Alemão, no Rio de Janeiro, que pela primeira vez, a 7 de março, utilizou a expressão "mãe do PAC", fazendo questão de, durante o discurso, chamar a ministra para seu lado. Meio sem jeito, ela atendeu a ordem. O presidente aproveitou para apresentá-la:

> A Dilma é uma espécie de mãe do PAC. Ela é a companheira que coordena o PAC. É ela que cuida, que acompanha, que vai cobrar junto com o [ministro] Márcio Fortes se as obras estão andando. O [Luiz Fernando] Pezão [vice-governador e responsável pelas obras do PAC nas favelas fluminenses] é grandão, mas ele vai saber o que é ser cobrado pela Dilma.

Ao transformar um simples ato — o lançamento de obras que deveriam ser, ao longo de alguns anos, realizadas em várias favelas cariocas — em comício, conseguiu introduzir Dilma, cunhar a expressão "mãe do PAC" e estabelecer um dos figurinos da futura candidata: o de ser durona, forjando o estereótipo da mãe do povo, séria, firme, mas sempre preocupada com o bem-estar dos mais pobres.

Por sua vez, a ministra aos poucos abandonaria o estilo — que mantinha até então — de dissociar o seu trabalho e o PAC da sucessão presidencial, como fizera, por exemplo, em janeiro, ao responder rispidamente a um repórter: "Cansei de falar que não sou candidata. Sempre que isso é colocado, em vez de me beneficiar, prejudica o PAC."

Mas, quem era Dilma Rousseff?

Ela seria notada no mundo político apenas em 2002 — e somente no final do ano, após a eleição de Lula. Nos anos de regime militar, atuou em grupos de luta armada, sem contudo se destacar entre as lideranças. Tinha um passado no PDT. Fizera política no Rio Grande do Sul, no entanto exercendo funções pouco expressivas. Tentara cursar pós-graduação em economia na Unicamp, mas sem sucesso: não conseguiu sequer fazer um simples exame de qualificação de mestrado. Mesmo assim, durante anos foi apresentada como "doutora" em economia. Quis também se aventurar no mundo dos negócios. Abriu então, em Porto Alegre, uma lojinha de mercadorias populares, conhecidas como "de 1,99". Novamente, entretanto, fracassaria — logo tendo de fechar as portas. Caminharia para a obscuridade se vivesse num país politicamente sério. Porém, para sorte dela, nascera no Brasil; de modo que, depois de tantos tombos, seria premiada: virou ministra de Minas e Energia.

Lula diria que ficou impressionado porque ela comparecera a uma reunião munida de um laptop. Ainda mais: na ocasião, apresentou um enorme volume de dados que, apesar de incompreensíveis, impressionaram favoravelmente o presidente eleito.

Foi nesse cenário, com laptop, que Dilma passou pelo Ministério de Minas e Energia. Pouco mais de dois anos, em que deixou, como marca, um absoluto vazio. Nada fez digno de registro. Mas seria novamente promovida.

Chegou à chefia da Casa Civil após a queda de José Dirceu, abatido pelo escândalo do mensalão. Cabe a pergunta, mais uma vez: por quê? Para o projeto continuísta do PT, a figura anódina de Dilma Rousseff caíra como uma luva. Mesmo sem legar — em um quinquênio — qualquer contribuição administrativa relevante, um mísero projeto, uma simples ideia, fora alçada a sucessora de Lula.

A ofensiva publicitária do governo encontrara campo aberto. A oposição parlamentar não conseguia dar resposta. Ao contrário, parecia convencida dos êxitos da gestão petista. Vivia escondida, com receio, esperando que alguma crise repentina ensejasse uma reviravolta — mas sem mínima luta, como se fosse possível retomar o Planalto por mero acaso.

O próximo passo marqueteiro do governo consistiria em transformar uma parte dos consumidores de baixa renda, então em processo de ascensão social, em uma nova categoria: a classe C. Assim, da noite para o dia, a classe média era inchada com mais de 20 milhões de pessoas, como se fosse possível uma revolução econômica em tão curto espaço de tempo.

Os mais entusiasmados logo passaram a propagar que o Brasil era um país de classe média, embora nada houvesse — a não ser mistificação — para embasar uma distribuição de renda que, fosse como divulgada, seria não só sem precedentes como impossível de ter ocorrido em tão curto espaço de tempo. Houvera — isto, sim — uma melhoria no salário mínimo (quem o recebe, porém, não integra a classe média), um crescimento do número de empregados formais e uma enorme expansão do crédito.

Aquela política de distribuição de renda, que prescindia de qualquer planejamento estratégico, associada à notável estrutura de propaganda petista, tinha como resposta a grande e crescente popularidade de Lula.

A falta de planejamento, aliás, era dos maiores problemas do governo. A política econômica trabalhava com o curto prazo, aproveitando os bons resultados das exportações e da entrada de capitais estrangeiros. Não conseguia enxergar muito adiante, era cega para o longo prazo — o que seria decisivo para o estabelecimento sólido das condições necessárias ao investimento e ao incentivo à poupança.

O projeto imediatista de poder — o PT queria permanecer por um longo tempo no governo — assumira a primazia, de modo que as ações do Estado não preparavam o país para um novo patamar, para um salto de desenvolvimento, antes encurtadas por um programa partidário e pessoal.

O Banco Central tinha como preocupação maior a inflação. Tanto que, em abril, aumentou a taxa Selic em 0,5%, indo para 11,75% — o primeiro aumento desde maio de 2005. O real, porém, continuava a se valorizar. Em doze meses, a alta acumulara 18,61%, bem acima do euro (10,82%).

A retomada da política de juros altos pelo BC, combinada com a redução das taxas nos EUA, atraiu mais dólares para o Brasil. As deficiências estruturais brasileiras ficaram expostas. Na conta petróleo, o déficit não parava de crescer. Em 2006, fora de US$ 3,2 bilhões, em 2007, saltara a US$ 5,8 bilhões e, em 2008, previa-se um rombo de US$ 8 bilhões.

Lula, sempre eufórico, disse que o Brasil vivia "um momento mágico", embora, na política, fosse impossível esconder os problemas.

Em abril, mais um escândalo atingiria o governo. Desta vez, no Ministério do Esporte e com o envolvimento do PCdoB, cujas antigas bandeiras há muito estavam arriadas. Várias fraudes no programa *Segundo Tempo* foram apontadas. Recursos públicos teriam sido desviados para políticos vinculados ao partido. Milhões de reais — isto, em um país com tantas carências esportivas.

A presença da ministra Marina Silva, desde o início da gestão de Lula, dava ótima cobertura internacional ao governo. No entanto, os resultados ambientais, especialmente em relação à Amazônia, não eram positivos.

A taxa média de desmatamento da região, no segundo governo de Fernando Henrique, fora de 18.424 km². Já entre 2003 e 2007, saltou a 19.336 km². O número de multas ambientais também caíra em relação à administração anterior, e a área cultivada com transgênicos aumentara cinco vezes em apenas seis anos: passando de 3 milhões de hectares, em 2002, para 15 milhões em 2008.

A ministra havia perdido quase todas as batalhas travadas no interior do governo, principalmente após a ascensão de Dilma Rousseff à chefia da Casa Civil. Lula tinha uma concepção original sobre o tema: "Marina, essa coisa de meio ambiente é igual a um exame de próstata, não dá para ficar virgem toda a vida. Uma hora eles vão ter de enfiar o dedo no cu da gente. Então, companheira, se é para enfiar, é melhor que enfiem logo."[56]

O presidente sempre ridicularizou as preocupações dos ambientalistas. Ficara célebre a galhofa sobre as pererecas:

> Eu vou contar uma coisa para vocês que é triste. Esses dias a gente está fazendo um grande viaduto no Rio Grande do Sul, ligando a BR-101, que vai trazer muita gente da Argentina para o Brasil e muita gente do Brasil para a Argentina, de Osório à Palhoça, em Santa Catarina. Esse túnel tem mil e poucos metros, e encontraram do lado do túnel uma perereca. Todo mundo aqui sabe o que é uma perereca. Pois bem, e aí resolveram fazer um estudo para saber se aquela perereca estava em extinção. Aí teve que contratar gente para procurar perereca, e procure perereca, e procure perereca... Sabem quantos meses demorou para descobrir que a perereca não estava em extinção? Sete meses, a obra parada. Eu espero que aqui no Acre não apareça nenhuma perereca na ponte do rio Juruá.[57]

---

[56]SCOLESE, Eduardo e Leonencio Nossa. Op. cit., p 71.
[57]KAMEL, Ali. *Dicionário Lula*: um presidente exposto por suas próprias palavras. Rio de Janeiro: Nova Fronteira, 2009. p. 448. Esta declaração foi dada em 2009, quando Marina já tinha saído do ministério. Importante: foi em Rio Branco, no Acre, o estado da ex-ministra.

Com um governo com este discurso, chamava atenção a demora da ministra do Meio Ambiente em pedir demissão, o que acabaria ocorrendo em 13 de maio. Na breve carta enviada a Lula, Marina disse que "esta difícil decisão, Sr. Presidente, decorre das dificuldades que tenho enfrentado há algum tempo para dar prosseguimento à agenda ambiental federal".

Foi substituída por Carlos Minc, considerado menos severo na concessão das licenças ambientais, cuja lentidão, de acordo com o Planalto, dificultava diversos empreendimentos. Como sinal dos novos tempos, a repercussão da saída de Marina foi pequena. Para o desenvolvimentismo lulista, a defesa do meio ambiente era coisa de *ecochatos*.

O governo aprofundava os laços com o grande capital e tinha no BNDES o principal instrumento para viabilizar esta aliança. Diferentemente do período do regime militar, que incentivara a então chamada "tríplice aliança" (tripé formado pelas empresas estatais, nacionais e estrangeiras), o lulismo colocou os recursos financeiros do Estado a serviço do grande capital.

Em abril, a Oi anunciou a compra da Brasil Telecom. A negociação envolvia R$ 2,5 bilhões do BNDES e criava a maior empresa de telefonia no país. Em julho, a Oi obteria ainda R$ 4,3 bilhões do Banco do Brasil — o segundo financiamento público destinado a consolidar aquela aquisição. O valor total do impulso estatal alcançou a estratosférica quantia de R$ 6,86 bilhões.

A transação renderia ao banqueiro Daniel Dantas pelo menos R$ 1 bilhão, pois o banco Opportunity era acionista da Brasil Telecom. Uma operação controversa, costurada antes da mudança de regras no setor — que, à época, não permitia um negócio como aquele.

A Anatel, no entanto, depois de meses de impasse, aprovaria a compra. Estranhamente, dois conselheiros da agência mudaram de posição depois de o Planalto cogitar a indicação de um substituto, para acabar com o impasse. Em novembro, Lula transformaria em decreto o novo Plano Geral de Outorgas, que acabava com a proibição de uma concessionária de telefonia fixa comprar outra. A mudança permitiu que a operação fosse concluída e que a Oi finalmente formalizasse a aquisição da BrT.

Em julho, três prisões — decorrentes da operação Satiagraha, da Polícia Federal — mobilizariam a cobertura da imprensa: a do banqueiro Daniel Dantas, do banco Opportunity, a do megainvestidor Naji Nahas e a do ex-prefeito de São Paulo Celso Pitta — este, acusado de formação de quadrilha, evasão e lavagem de dinheiro.

Assim, o governo continuava na cruzada midiática contra a corrupção — desde que os denunciados não tivessem relação direta com o PT. Dantas era suspeito de utilizar empresas para cometer fraudes; Nahas, apontado como o operador do banqueiro, responsável por cuidar da lavagem do dinheiro no exterior; e Pitta, acusado de recorrer ao megainvestidor para repatriar recursos ilícitos. Segundo a PF, o valor envolvido no conjunto daquelas transações ilegais alcançaria US$ 2 bilhões, entre 1992 e 2004.

Aproveitando os holofotes, o ministro da Justiça Tarso Genro considerou "muito difícil" que Dantas pudesse provar sua inocência. A declaração se dera após uma queda de braço entre a Polícia Federal e o STF, relativa à prisão dos envolvidos no caso.

O presidente do Supremo, Gilmar Mendes, rebateria a declaração de Genro. Disse que o ministro não tinha competência para decidir sobre prisões preventivas. Outro pivô da polêmica, o juiz

Fausto De Sanctis, que desautorizara o habeas-corpus concedido por Mendes, seria defendido num ato de desagravo, promovido por quatrocentos juízes, promotores e procuradores.

Também se valendo das luzes, o delegado Protógenes Queiroz, que chefiara a Satiagraha, investiu-se da figura do justiceiro. Dois anos depois, seria eleito deputado federal pelo PCdoB.

Como outras operações da PF durante o governo Lula, aquela teve muita fumaça e pouca (ou nenhuma) eficácia punitiva.

A liderança mundial do Brasil na exportação de produtos agropecuários garantira receitas na ordem de US$ 400 bilhões desde 1998.[58] Mas o país não conseguira industrializar as mercadorias primárias, o que reduzia a lucratividade e travava os investimentos e a criação de empregos mais qualificados, diferentemente do que a China realizava.

Mesmo assim, o setor primário assegurava a bonança relativa da economia brasileira. A desindustrialização, porém, era evidente. A participação do setor nas exportações brasileiras caíra de 50%, no primeiro semestre de 2007, para 42% em 2008, no mesmo período. O modelo já apresentava sinais de esgotamento em médio prazo. E a crise americana — que ameaçava se tornar uma crise internacional — deveria ser mais um sinal de alerta. Contudo, o oba-oba lulista ignorava a necessidade de

---

[58] Segundo Giambiagi, "entre 2002 e 2007 as exportações cresceram a uma média anual de mais de 9% — apesar da apreciação observada. Além disso, o crescimento mundial provocou forte aumento dos preços internacionais das commodities, o que, em certa medida, compensou o efeito-preço negativo da apreciação cambial sobre as exportações. Basta dizer que, entre as médias anuais de 2002 e 2008, os preços em dólar dos produtos básicos e semimanufaturados exportados pelo país cresceram 164% e 134%, respectivamente" (GIAMBIAGI, Fábio et al., op. cit., p. 220-221).

mudanças, e usaria até a exaustão o padrão de desenvolvimento estruturado nos anos 1990.

Durante quase dois meses, entre julho e setembro, a operação Satiagraha repercutiria. A princípio centrado nos acusados, o foco se deslocara às escutas telefônicas. O presidente do STF, Gilmar Mendes, propôs a criação de normas de investigação na utilização deste instrumento. Isso porque, durante as apurações, a PF teria tido acesso a todas as linhas do país. Pouco depois, soube-se que Mendes também teria sido alvo de escuta telefônica. Abrira-se uma crise entre o Judiciário e o Executivo, que terminaria com o afastamento da cúpula da Abin.

A propósito, ainda no começo do ano, em fevereiro, fora instaurada a CPI dos Grampos, como ficaria conhecida, mas que acabou sem qualquer condenação. Ainda assim, no desenrolar de seus trabalhos, surgiriam graves revelações. Eram grampos por todos os lados, para todos os gostos.

Dados oficiais das operadoras revelavam que as escutas telefônicas, com respaldo judicial, passaram de mil por dia em 2007. A análise apontou flagrantes irregularidades, como grampos determinados por varas familiares, quando a lei vincula a escuta apenas a investigações criminais.

Também foram concedidas ordens de escuta por períodos superiores ao limite de quinze dias, chegando, em alguns casos, a 190 dias, no entanto sem quaisquer pedidos oficiais de prorrogação.

Para o presidente da comissão, o deputado Marcelo Itagiba (PMDB-RJ), as informações levantadas comprovariam "o descontrole total e absoluto de todas as instituições que lidam com os grampos".

Em setembro, agravou-se ainda mais a situação da economia americana, com óbvios reflexos no Brasil. Os EUA anunciaram um pacote de US$ 200 bilhões para tentar salvar o mercado imobiliário. Dias depois, o banco Lehman Brothers pediu concordata, causando a maior queda no valor das ações nas bolsas desde 11 de setembro de 2001.

O passivo do banco era fabuloso: US$ 613 bilhões, cerca da metade do PIB brasileiro. Duas semanas depois, a maior falência da história americana: a do banco Washington Mutual. Como resposta, o FED, o banco central americano, ampliaria suas linhas de crédito, o Banco Central Europeu injetaria mais US$ 50 bilhões nos mercados e o Banco Central chinês anunciaria corte nos juros.

A baixa mundial mais acentuada ocorreu na Bovespa: menos 7,59%. Dois dias depois, nova queda: menos 6,74%.

Guido Mantega anunciou que o governo previa uma expansão econômica menor para 2009. Com o agravamento da crise internacional, analistas previram, otimistamente, que a taxa de crescimento do PIB em 2009 poderia ficar na casa dos 4%. Para 2008, ano então em curso, a previsão era de que superasse os 5%.

O novo plano apresentado por Bush frustraria o mercado. A recessão parecia inevitável nos EUA. Entre as bolsas, a maior queda ficou, novamente, com a Bovespa (menos 7,34%). O dólar disparara, alcançando a marca de R$ 2,023.

As reservas, em setembro, estavam em US$ 206 bilhões — o que permitiu ao país resistir às pressões especulativas contra o real. Os gastos públicos em quatro anos, porém, tinham aumentado 38%, enquanto o PIB, no mesmo período, crescera 20% — o que não era bom do ponto de vista econômico.

Lula, por sua vez, preocupava-se, mesmo, apenas com as eleições municipais e com a necessidade de o PT crescer, já com vistas à eleição presidencial de 2010. Em São Bernardo do Campo, a 30 de agosto, num comício de apoio a seu candidato, o ex-ministro Luiz Marinho, Lula externaria o que pensava sobre a crise econômica internacional: "Lá [nos EUA], ela é um tsunami; aqui, se ela chegar, vai chegar uma marolinha que não dá nem para esquiar." E ironizaria os esforços do presidente americano. Disse que até pretendia telefonar para Bush, prestando-lhe solidariedade.[59] Mera bazófia. O resultado pior — muito pior — caberia ao país que embarcara na canoa furada do ufanismo lulista, absolutamente vazio e irresponsável.

Nas eleições municipais, como há quatro anos, o PMDB se manteria o maior vencedor em número de cidades: 1.201. Em segundo, ficara o PSDB, com 787. O PT alcançara o terceiro posto, com 559, enquanto o DEM, em quarto, conquistara quinhentas prefeituras.

Entre as capitais, o PMDB e o PT venceram em seis, e o PSDB, em quatro. O Partido dos Trabalhadores, contudo, acabaria derrotado no maior colégio eleitoral do país: São Paulo. No segundo turno, Gilberto Kassab, do DEM, apoiado desde o primeiro turno pelo governador José Serra, venceu folgadamente Marta Suplicy, derrotada pela segunda vez seguida na disputa pela capital paulista. O PT amargara também duas derrotas importantes: em Salvador e, principalmente, em Porto Alegre.

No Rio de Janeiro, o PMDB venceria no segundo turno, com Eduardo Paes, em eleição apertadíssima contra Fernando Gabeira, do PV. Em Belo Horizonte, um estranho consórcio de PSB/PSDB/PT bateria o PMDB.

---

[59] George Bush esteve no Brasil em março de 2007, numa visita de menos de 24 horas, e sem resultados concretos, especialmente a respeito do desejo brasileiro de que fosse eliminada a sobretaxa sobre o etanol que era exportado para os Estados Unidos.

Como sempre, numa eleição realizada em mais de 5.500 municípios, todos se julgaram vencedores, dependendo sempre dos critérios empregados na avaliação: o de número absoluto de votos, de prefeituras, de capitais, dos colégios eleitorais mais importantes etc.

Incontroverso era que o quadro desenhado apontava novamente para a possibilidade do enfrentamento entre PT e PSDB em 2010. Prevendo tal fato, Lula, em novembro, abriu o jogo: Dilma seria sua candidata. Era um segredo de polichinelo, pois, desde março, já a apresentava, sem cerimônia, como "a mãe do PAC".

O governo continuava esbanjando otimismo. O ministro Mantega afirmara, pouco depois das eleições municipais, que o Brasil sairia da crise com um desempenho melhor que o dos demais países.

Previa uma ligeira desaceleração no crescimento do PIB, de 6% para 4% em 2009, embora descartasse cortes nos investimentos do PAC. A realidade, entretanto, era muito diferente. A crise global prejudicava os investimentos em infraestrutura, adiando ou ameaçando diferentes projetos, cujo valor total chegaria a R$ 28 bilhões. O ritmo de gastos do programa despencara mais de 70% em outubro.

No início de dezembro, afinal, o governo admitiu que o Brasil não cumpriria a meta de exportação para aquele ano, e previu dificuldades para 2009. Em novembro, as exportações haviam caído 12,5% comparativamente a outubro, e as importações, 16,5%. O superávit também despencara 38,6% em relação a 2007.

Na mistura indigesta de economia, política e polícia, o banqueiro Daniel Dantas, dono do Opportunity, foi sentenciado pelo juiz Fausto De Sanctis, em 2 de dezembro, a dez anos de prisão em regime fechado e ao pagamento de R$ 13,42 milhões a título de multa e reparação por corrupção ativa. O juiz condenou também o ex-presidente da Brasil Telecom Humberto Braz a sete anos de prisão. Ambos recorreriam em liberdade.

Ainda nesta mistura, Enivaldo Quadrado, sócio da corretora Bônus-Banval e réu no processo do mensalão, seria flagrado em Guarulhos, a 6 de dezembro, com mais de €361 mil não declarados. O empresário desembarcara de um voo de Lisboa e trazia a quantia em maços de dinheiro vivo, escondidos nas meias, na cintura e na cueca, método que ficara nacionalmente conhecido em 2005. Interrogado pela PF, disse que o dinheiro, como nas célebres piadas, era de um amigo português e que seria aplicado na compra de carros no Brasil.

No final de dezembro, o governo fez um balanço do PAC. Com dois anos de existência, atingira apenas 15% da meta prevista para 2010.

No pior ano desde 1972, a Bovespa acumulara perdas de 41,22%. O dólar terminava 2008 com valorização de 31,34% — resultado determinado principalmente pela saída recorde de capital estrangeiro do país.

Segundo dados divulgados pelo Ministério do Trabalho, o número de vagas de trabalho abertas caíra sensivelmente, entre setembro e outubro: de 282.800 para 61.400, respectivamente. O ano era concluído sob sérias preocupações econômicas.

No campo político, Lula — que manteve os elevados índices de aprovação pessoal e de seu governo — conseguira enfim descobrir um candidato à sua sucessão. A oposição dava sinais tímidos de que poderia ter algum papel relevante na eleição presidencial de 2010, mas o principal partido oposicionista, o PSDB, continuava dividido entre duas possíveis candidaturas, a de José Serra, governador de São Paulo, e a de Aécio Neves, de Minas Gerais.

2009

O ANO MUDARA, mas o objeto de preocupação permanecia o mesmo do fim de 2008: o cenário econômico doméstico e internacional.

No ano anterior, até o final do primeiro semestre, o preço das *commodities* mantivera-se em alta, como ocorria nos últimos seis anos. A partir de julho, porém, com a intensificação da crise americana e seus desdobramentos em todo o mundo, as baixas nos preços das matérias-primas e dos produtos agrícolas foram acentuadas e muito rápidas. O que alguns analistas denominaram de "superciclo" de expansão estava no fim.

No Brasil, a fuga de dólares em 2008 fora de US$ 48,9 bilhões, o equivalente a 25% das reservas em moeda estrangeira — a maior retirada desde 1982. Ao contrário do que ocorrera nos anos anteriores, desta vez a balança comercial não ajudou a compensar a corrida dos dólares.

Em outubro de 2008, a produção industrial brasileira caíra 1,4% em relação a setembro. No mês seguinte, a queda fora de 7,2%; e, em dezembro, chegaria a 12,4% — a maior retração desde o início da série histórica do IBGE, em 1991. A crise freou o PIB em 3,6% no último trimestre de 2008, assinalando o mais fraco desempenho econômico desde o Plano Real.

A comparação com outros países mostraria que o Brasil estava entre os mais atingidos pelo desarranjo global, uma situação muito distinta daquela que o governo vinha insistentemente propagandeando.

Dilma Rousseff, mostrando-se em preparação avançada, anunciaria mais uma fantasia para tentar encobrir a realidade: a ampliação dos investimentos do PAC em R$ 130 bilhões, sem explicar, contudo, de onde viriam os recursos. Como de hábito, ganhou manchetes na imprensa, que, afinal, era o que lhe importava.

Os olhares do mundo político, porém, não estavam na economia. Era a política que atraía a atenção. A polêmica sobre a concessão de asilo político ao terrorista italiano Cesare Battisti se estenderia por todo o ano. Ele fora condenado à prisão perpétua, na Itália, por ter participado, entre 1978 e 1979, de quatro assassinatos. Havia chegado clandestinamente ao Brasil, e aqui estava preso desde 2007. Desde então, o governo italiano protestava por sua extradição.

Bem a seu estilo, transformando o caso numa questão de "soberania nacional", Lula rechaçaria as críticas e chancelaria a postura do ministro da Justiça, Tarso Genro, claramente favorável a que o terrorista fosse libertado e formalmente acolhido pelo Brasil.

Justificando a posição italiana, o jurista Armando Sparato disse que Battisti não era "um extremista perseguido na Itália por seus ideais políticos, e sim um criminoso comum, que praticava roubos com o fim de lucro pessoal e que se politizou na prisão". Com relação a supostos abusos da justiça italiana à época, Sparato destacaria:

> (...) a Itália, no contexto da luta contra o terrorismo, não conheceu tribunais de exceção (...). Tal fato foi ressaltado também por nosso presidente da República Sandro Pertini, que afirmou que a Itália podia louvar-se de ter vencido o terroris-

mo nas salas de tribunais, e não "nos estádios", aludindo aos métodos ilegais que nós não conhecemos e aos quais também hoje nos opomos.

A sentença proferida pela justiça italiana indicava que os assassinatos atribuídos a Battisti foram objeto de discussões prévias por parte do grupo terrorista PAC (Proletários Armados pelo Comunismo).

Para a professora de Direito Penal da USP, Janaína Paschoal, "crimes políticos não podem ser confundidos com crimes com motivação política ou ideológica". Referindo-se aos Proletários Armados pelo Comunismo, ela acrescentaria: "Um grupo que se estrutura na prática de crimes, sobretudo contrários à vida, não é político."

Lula, espertamente, tentava — e, afinal, conseguiria — dividir o ônus da responsabilidade do asilo do terrorista com o STF, dando ao tribunal a palavra final.

A candidatura de Dilma Rousseff à Presidência ia de vento em popa. Mesmo ferindo a legislação eleitoral, Lula não só a definira candidata como dera partida à sua campanha. Assim, não perdia uma oportunidade de elogiá-la, de modo que não houve cerimônia pública a que não tenha levado a ministra da Casa Civil.

O PT, obedientemente, seguia as determinações de seu chefe. O criador da criatura traçara e impusera um roteiro desde então cumprido à risca. A construção da candidatura implicaria — caso único na história do Brasil — até uma operação plástica, intervenção que transformou radicalmente o rosto de Dilma. Ser-lhe-iam também retirados os óculos, substituídos por lentes de contato. A candidata, ademais, teria o corte de cabelo alterado e emagreceria dez quilos — tudo recebido como absolutamente natural.

Em fevereiro, José Sarney retornaria à presidência do Senado. Batera facilmente Tião Viana, do PT. Na Câmara, Michel Temer também reassumiu o comando. O PMDB mostrava sua força, controlando o Congresso e aumentando seu cacife para a sucessão presidencial. O partido não lançava candidato próprio desde 1994[60] — e não o faria em 2010. Queria compor com Lula, como vice de sua candidata, o que abriria a possibilidade de ampliar a participação na máquina governamental.

Os números referentes à distribuição de terra para efeito de reforma agrária continuavam muito baixos. A estratégia do Planalto, porém, consistia em amarrar financeiramente o MST. Para tanto, foi pródigo. Desde 2003, o movimento teria recebido, sob várias justificativas, R$ 152 milhões.

Gilmar Mendes, presidente do STF, criticaria o financiamento público ao MST. Lula, por sua vez, evitaria polemizar com o ministro. Tinha a clareza, que compartilhava com a direção dos sem-terra, de que a bandeira da reforma agrária era mero instrumento para obter recursos do Estado e sustentar apoio político de um movimento organizado que, na prática, funcionava como partido político — e que estava estruturado em todo o país.

---

[60] Orestes Quércia fora o candidato do PMDB em 1994. Foi muito mal. Ficou em quarto lugar, com 4,3% dos votos, atrás do folclórico candidato Enéas Camargo, que recebeu 7,4%.

Em 18 de março, na residência do banqueiro Daniel Dantas, em certo momento transformado no inimigo público número um do Brasil, seriam apreendidos extratos com a denominação: "contribuições ao partido".

Os valores relacionados somavam R$ 30,44 milhões, mas o auto de apreensão da Polícia Federal não esclarecia a sigla que teria recebido o dinheiro. Segundo a PF, uma análise mais aprofundada dos documentos constaria do relatório final do inquérito — o que, neste caso, jamais ocorreu, como esperado.

Dantas e seu banco não faziam doações oficiais para campanhas eleitorais desde 2002. Ele e mais cinco executivos do Opportunity chegariam a ser indiciados por crimes financeiros, lavagem de dinheiro e formação de quadrilha. Enquanto isso, o governo brasileiro conseguira bloquear contas do banqueiro nos EUA, no Reino Unido e em Luxemburgo.

A crise econômica acentuara a mudança no perfil das exportações. A balança comercial brasileira fechou o primeiro quadrimestre de 2009 com saldo de US$ 6,7 bilhões — alta de 49,4% em relação ao mesmo período de 2008.

Os dados, contudo, também sugeriam uma tendência neocolonial: o crescimento de parcela das *commodities* na pauta de exportações do país, nomeadamente minerais e soja. Estava cada vez mais difícil para o país vender manufaturados ao parceiro que acabara de superar os EUA, assumindo a primeira posição em nossas trocas comerciais: a China.

Com dois trimestres seguidos de queda do PIB, o Brasil estava em recessão. Entre outubro e novembro de 2008, a retração fora de 3,6%; entre janeiro e março de 2009, de 0,5%.

No final de abril foi divulgado que Dilma Rousseff tinha um câncer no sistema linfático. A imprensa daria destaque especial ao fato. E Lula aproveitaria para tirar alguma vantagem política da doença de sua candidata: "Se você não rezava toda noite, agora trate de começar a rezar, porque este povo vai precisar muito de você daqui para a frente. E você vai ter de fazer muita coisa por esse povo."

O ministro da Educação Fernando Haddad, de sua parte, declarou que aquele câncer teria um bom efeito político: "Pode fortalecer a identidade da ministra no projeto que se confunde com as superações das dificuldades do próprio país."

Marco Aurélio Garcia, assessor de Lula para assuntos aleatórios (*sic!*), seria ainda mais direto: "Tenho a impressão de que deve ter impacto muito favoravelmente na opinião pública do país."[61]

Apesar do lançamento informal de Dilma à sua sucessão, Lula nunca deixara de namorar a ideia do terceiro mandato consecutivo. A doença de sua candidata abria novamente campo para uma tentativa de virar a mesa. Ele via com entusiasmo o continuísmo na Venezuela e na Bolívia, e seus índices de popularidade eram um grande fator de estímulo. A cada dia mais, julgava-se o homem providencial.

Paparicado pelos mais pobres e pelos mais ricos, com grande prestígio internacional — Obama, na reunião do G-20, em 2 de abril, dissera que "ele era o cara" —, decidiu fazer uma última sondagem, através de uma proposta de emenda constitucional do deputado Jackson Barreto (PMDB-SE).

A jogada era usar um partido que não fosse o PT e um parlamentar pouco expressivo. A base governista mostrara certo

---

[61] Lula tratava seu subordinado, um professor universitário, desta forma: "Marco Aurélio, eu já mandei você tomar no cu hoje? O professor sorri." Ver NOSSA; SCOLESE, op. cit., p. 71.

entusiasmo a respeito. De acordo com o deputado, a consulta popular deveria ser realizada em setembro — a tempo de valer para a próxima eleição. A saúde de Dilma, em tratamento contra o câncer, era apontada como mais um elemento na estratégia lulista.

Pesquisas de opinião indicavam que metade do eleitorado era favorável à proposta. No entanto, Lula — sempre representando o papel de magnânimo — sentiu no ar que a questão poderia dividir o Congresso e, mais importante, o país. Resolveu voltar atrás.

Fingiria rejeitar a ideia, mas não sem se declarar feliz com o resultado dos levantamentos de opinião. Lamentou o tratamento que a mídia dera ao tema. Segundo ele, se a consulta fosse realizada democraticamente, a reeleição seria "assimilável".

Lembrou — confundindo presidencialismo com parlamentarismo — que, na Europa, havia casos de premiês que ficaram mais de quinze anos no poder.

Desde março, diversas denúncias atingiam o Senado: casos de nepotismo, de horas extras pagas durante período de recesso parlamentar, de excesso de diretorias (ao todo, 181; uma das quais para check-in em aeroportos), de apartamentos funcionais cedidos para filhos de funcionários etc.

Em junho, para culminar, explodiria o escândalo dos "atos secretos". Imediatamente, Sarney declarou que apuraria e puniria severamente os desvios, e afirmou que extinguiria a maioria das diretorias. Mas nada fez.

A cada dia eram noticiadas mais mazelas da Casa. E as negativas, desmascaradas logo em seguida. Descobriu-se que o Senado pagava salários superiores ao teto constitucional a 350 funcionários. Agaciel Maia, diretor-geral, fora acusado de ter uma sala secreta no Congresso, onde seriam encontrados objetos desconhecidos da prática parlamentar.

Uma comissão de sindicância divulgaria que, entre 1995 e 2009, a Casa emitira e ocultara, deliberadamente, 663 atos administrativos. E concluiria que Maia e o diretor de Recursos Humanos, João Carlos Zoghbi, cometeram crimes de improbidade e prevaricação.

Nenhum senador, porém, foi investigado. Sarney ficou de decidir se abriria um processo administrativo contra os dois servidores — o que poderia levá-los à demissão e à perda da régia aposentadoria. Espertamente, esperou a poeira baixar e não os puniu. Maia se aposentaria em 2010 e ainda se elegeria deputado distrital.

Sob pressão do Ministério Público, o presidente do Senado anulou, a 13 de julho, os 663 atos e nomeou uma comissão para analisar cada caso. Fingiu espanto com a denúncia e disse que, entre as providências, incluíra o ressarcimento aos cofres públicos dos pagamentos indevidos. Não houve qualquer devolução e, semanas depois, o caso cairia no esquecimento.

Tudo com apoio de Lula, que saíra em defesa de Sarney: "Eu sempre fico preocupado quando começa no Brasil esse processo de denúncias, porque ele não tem fim, e depois não acontece nada." E continuava: "O Sarney tem história no Brasil suficiente para que não seja tratado como se fosse uma pessoa comum."

Ética, moral e caráter sempre foram considerados irrelevantes para Lula. O que lhe importava era manter, a qualquer preço, o PT no governo.

A 3 de julho, a Procuradoria da República em São Paulo apresentou denúncia contra Daniel Dantas e mais treze pessoas por envolvimento em sete crimes, entre os quais gestão fraudulenta e evasão de divisas.

Segundo uma das acusações, o banqueiro, por meio da Brasil Telecom, ajudara a financiar o esquema entre o PT e o publicitário Marcos Valério, com depósitos no valor de R$ 3,37 milhões. A procuradoria também solicitou abertura de inquérito para investigar a compra da BrT pela Oi — operação financeira favorecida por decreto de Lula.

Em julho, o Brasil fechou um novo acordo com o Paraguai sobre o uso e o pagamento da energia gerada pela usina de Itaipu. O país pagava anualmente ao vizinho US$ 120 milhões. O presidente paraguaio Fernando Lugo, porém, vinha exigindo um aumento neste valor. O oferecimento de Lula, contudo, superaria sua expectativa mais otimista: US$ 360 milhões! Ou seja: pelo mesmo volume de energia, o triplo do preço.

O presidente brasileiro consideraria aquela uma decisão histórica. E foi mesmo: mas para o Paraguai. Não satisfeito, o governo do Brasil ainda concedeu um empréstimo de US$ 450 milhões para a construção de uma linha de transmissão da usina até Assunção.

Com o fim do recesso parlamentar, em agosto, Sarney reagiria ao movimento que exigia sua renúncia. Numa sessão marcada por violento bate-boca, o senador contou com o apoio de Renan Calheiros e Fernando Collor para descarregar munição contra o passado de seus críticos.

O presidente da Comissão de Ética do Senado, Paulo Duque (PMDB-RJ), suplente de Sérgio Cabral, que até então passara despercebido, adorou receber súbita atenção da mídia e resolveu arquivar os pedidos de abertura de processo — por quebra de decoro parlamentar — contra Sarney.

As onze denúncias apontavam, entre outras faltas, casos de sonegação fiscal, a utilização privada de funcionários da Casa e a nomeação de afilhados por meio de atos secretos. Para Duque, no entanto, as acusações seriam fruto de "material jornalístico".

Enquanto a tropa comandada por Renan mantinha a tática de não deixar ataques sem resposta, Sarney buscava apoio entre os parlamentares. Chegou-se a cogitar que renunciaria à presidência. Os mais otimistas falaram em licença do cargo.

Segundo pesquisa Datafolha divulgada em 15 de agosto, 70% dos entrevistados queriam ver o senador maranhense fora da presidência do Congresso. A oposição pretendia recorrer, no plenário, da decisão de Duque, mas dependia dos votos do PT. Lula, no entanto, atuou decisivamente a favor de Sarney. Considerava-o essencial à eleição de Dilma em 2010.[62]

As denúncias contra o presidente do Senado gerariam contra denúncias a Arthur Virgílio, líder do PSDB. O tucano era acusado, entre outros supostos ilícitos, de receber R$ 723 mil para cobrir despesas médicas da mãe (o teto é R$ 30 mil), de embolsar empréstimos irregulares do ex-diretor Agaciel Maia e de contratar um *personal trainer* com dinheiro da Casa.

A partir de então, tucanos e democratas avaliaram que a manutenção do clima de guerra no Senado poderia jogar a imagem de todos na lata de lixo. Ao PT, por sua vez, não agradava a

---

[62]Em setembro, Lula incentivou Henrique Meirelles a se filiar ao PMDB. Acreditava que o presidente do Banco Central poderia ser uma alternativa para compor a chapa com Dilma. Meirelles, obedientemente, foi a Goiânia e se filiou ao partido. O esforço acabou sendo inútil. Ciro Gomes também caiu na conversa de Lula. Transferiu o domicílio eleitoral para São Paulo na esperança de ser candidato a presidente ou ao governo paulista. Foi mais um que acreditou nas promessas de Lula. Acabou fazendo papel de tolo.

possibilidade de dar continuidade aos onze processos contra o importante aliado nas vésperas de um ano eleitoral.

Constrangidos, alguns senadores petistas votaram pelo arquivamento das denúncias contra Sarney. A orientação viera de Lula diretamente. Ficaria célebre a bazófia de Aloizio Mercadante, que, através do seu Twitter, afirmara: "Eu subo hoje à tribuna para apresentar a minha renúncia à liderança do PT em caráter irrevogável." Voltou atrás no dia seguinte, após um simples telefonema do presidente, e "renunciou à renúncia".

O senador Flávio Arns (PT-PR) disse que a sigla "jogou a ética no lixo". Aproveitando o mal-estar, Marina Silva, ex-ministra do Meio Ambiente, desligou-se do partido, após quase trinta anos de militância.

O controle de Lula sobre o PT, mais uma vez, era demonstrado. Impusera sua vontade e sequer se preocupara em ferir suscetibilidades. O partido nada mais era do que o instrumento de sua vontade.

A ex-secretária da Receita Federal Lina Vieira compareceria ao Senado, a 18 de agosto, para prestar esclarecimentos sobre um encontro sigiloso com Dilma Rousseff, havido em fins de 2008. Na audiência, a ministra lhe teria pedido para "agilizar" uma investigação sobre a família Sarney.

Lina não mostrou provas do encontro, mas deixou Dilma em posição delicada. Doze integrantes da cúpula da Receita pediriam exoneração coletiva — num levante contra a ingerência do Planalto no órgão.

Ainda em agosto, em mais uma decisão polêmica, o STF rejeitou — por cinco votos a quatro — o pedido do Ministério Público pela abertura de processo criminal contra Antonio Palocci. No entendimento da corte, não haveria provas suficientes para demonstrar que o então ministro da Fazenda tivesse agido de forma irregular no episódio que resultou na divulgação da movimentação bancária do caseiro Francenildo Costa.

A decisão recolocava o petista na cena política e viabilizava sua participação nas eleições de 2010.

Valendo-se do Sete de Setembro, o governo retomaria a novela da compra dos caças franceses. A história vinha desde janeiro de 2003 e parecia não ter solução. Anunciara-se então um mega-acordo com a França. Segundo a megalomania lulista, seria a maior aquisição militar do país desde a Segunda Guerra Mundial.

O Brasil compraria aviões, helicópteros, submarinos convencionais e tecnologia para desenvolver um modelo nuclear próprio. No centro da polêmica, os 36 aviões de combate. O valor global do negócio chegaria a US$ 10 bilhões.

Como outros tantos anúncios ignorados depois, o governo Lula tampouco cumpriria esse — no que seria seguido pela gestão de Dilma. Ninguém jamais viu sequer um teco-teco francês adquirido pelo governo brasileiro. Nada, absolutamente nada.

Demonstrando enorme sensibilidade, Lula tornaria o pré-sal instrumento de diversionismo político. Afinal, o ano caminhava para confirmar um mau desempenho econômico. Os resultados apresentados indicavam recessão. Ele então, a 31 de agosto, transformou uma simples cerimônia de lançamento do marco regulatório para a exploração de petróleo no pré-sal em mais um ato eleitoral. E, claro, deu a Dilma um lugar especial.

Fez um discurso nacionalista. Um assistente desavisado poderia até imaginar que tratasse ali de recursos já explorados e de fácil acesso, e não de reservas a sete quilômetros de profundidade e a trezentos quilômetros da costa — e isso enquanto alternativas energéticas surgiam mundo afora, como a extração do gás de xisto, especialmente nos Estados Unidos.

Para Lula, entretanto, nada disso interessava. Determinara que o pré-sal seria a "riqueza do povo" e o "futuro do Brasil".

Recém-nomeado por Lula, o ministro do STF Dias Toffoli enfrentava diversas polêmicas sobre seu passado. Fora, por exemplo, reprovado — duas vezes — em concurso para juiz em São Paulo, em 1994 e 1995. Seu currículo era pobre.

Fora lembrado para o Supremo apenas por ter sido advogado do PT em várias campanhas eleitorais. E tinha contra si duas condenações em primeira instância, no Amapá — uma das quais impunha que devolvesse R$ 700 mil ao erário. Mas não ficava "só" nisso.

No escândalo das interceptações telefônicas feitas pela PF em 2008, Toffoli, à época advogado-geral da União, ignorara a lei federal e ajudara na defesa do ex-ministro Silas Rondeau, afastado do cargo e denunciado à Justiça por corrupção e formação de quadrilha. Nas conversas gravadas, ficaria evidente que Toffoli indicara o advogado de defesa — o mesmo que a própria Advocacia Geral da União deveria enfrentar no processo movido contra Rondeau.

Os grampos de telefone da Polícia Federal sugeriram que a agenda de Edison Lobão, das Minas e Energia, era controlada pelo filho do presidente do Senado, Fernando Sarney, e por seu aliado, o ex-ministro Silas Rondeau. Esta seria a dupla que, segundo os diálogos gravados, ditava os compromissos para Lobão e assessores, marcando e cancelando reuniões, fazendo nomeações e orientando o que deveria ser dito aos empresários recebidos.

Adotando um método dissimulatório, os personagens criaram apelidos pitorescos: Lobão seria o "Magro Velho", Rondeau, o "Baixinho", e Fernando Sarney, o "Bomba". O senador José Sarney tinha a alcunha mais significativa: "Madre Superiora".

No entender da PF, as conversas configuravam tráfico de influência. O tempo, porém, passaria — e tudo continuaria como antes.

Sempre buscando paralelos absurdos na história, Lula defenderia enfaticamente as alianças que montara. Tudo para justificar a parceria com os setores mais retrógrados da política brasileira: "Se Jesus Cristo viesse para cá e Judas tivesse a votação num partido qualquer, Jesus teria de chamar Judas para fazer coalizão."

Para ele, os vencedores nas eleições de 2010, quaisquer que fossem, não poderiam governar "fora da realidade política". Quanto à manutenção de Sarney na presidência do Senado, Lula a classificava como uma "questão de segurança institucional".

Àquela altura, avançada já a segunda metade do ano, a preocupação do presidente era outra: Dilma não decolava nas pesquisas. Em setembro, segundo levantamento CNT/Sensus, ela aparecia estancada em 19%, enquanto Serra alcançava 39%. Em maio, tivera 23,5%. Na pesquisa CNI/IBOPE, a situação seria ainda pior: aparecia também em segundo lugar, mas empatada com Ciro Gomes, que nem era candidato.

Lula sabia que sua candidata era fardo pesado — e que ele o teria de carregar, sozinho, até o início efetivo da campanha. Necessitaria de todo apoio e, para obtê-lo, faria de tudo, mesmo à custa do saque ao erário. Não tinha pudores, nunca teve, desde a época do sindicalismo.

Precisamente em 21 de setembro, o Itamaraty se envolveria em mais uma encrenca. Agora, em Honduras. Manuel Zelaya, presidente deposto após tentar organizar um plebiscito inconstitucional para garantir novo mandato, voltou, com o auxílio da Venezuela, ao país.

Até aí, nada de estranho se considerada a conhecida instabilidade política na América Latina. Zelaya, no entanto, proveniente da Nicarágua, buscara asilo justamente na embaixada brasileira em Tegucigalpa. E, tanto pior, o refúgio na representação do Brasil teria sido previamente negociado com o Itamaraty.

O prédio da embaixada logo virou um circo. Zelaya recebia seus partidários, fazia discursos, cantava — até tirou foto dormindo no sofá. Pouco depois, dezenas de seus correligionários ocupariam a representação do Brasil, de súbito um acampamento rebelde — e pago pelo contribuinte brasileiro.

A tradição do Itamaraty, desde o barão do Rio Branco, era a de não intervir em assuntos internos de qualquer país, muito menos da América Latina. Lula não quis saber. Em sua megalomania, achou que afrontava o "imperialismo americano". Nada disso. Fez, antes, o jogo de Hugo Chávez, manipulado e usado pelo falastrão venezuelano.

Zelaya permaneceria na embaixada por quatro meses. Em janeiro de 2010, buscou asilo na República Dominicana. Enquanto isso, em Honduras, uma nova eleição daria posse a um presidente democraticamente escolhido.

A solução pacífica do imbróglio seria encaminhada pelas próprias autoridades hondurenhas, de acordo com a lei. Vergonhosamente, o papel do Brasil fora o de agente complicador da crise. Um dos maiores vexames da diplomacia brasileira em toda a sua história.

Internamente, a situação permanecia a mesma. Após fiscalizar 99 projetos do PAC, o TCU recomendara a paralisação de quinze obras. Para o governo, o órgão apenas provocava atrasos e tornava os trabalhos mais caros. Irritado, Lula propôs a criação de outra instância, de nível superior e "tecnicamente inatacável", capaz de superar eventuais impasses criados pelo tribunal. Segundo ele, seria um "legado" de sua gestão, uma forma de harmonizar as instituições.

Logo se esqueceria da ideia. A lentidão do PAC, afinal, não poderia ser atribuída ao TCU. Levantamento feito com dados dos ministérios dos Transportes e das Cidades revelara que o verdadeiro entrave às obras residia em problemas orçamentários e gerenciais.

Os 232 projetos classificados como prioritários haviam recebido, até setembro, menos de um quinto das verbas previstas para 2009. Apenas nove deles (4% do total) estavam sujeitos a algum tipo de restrição do TCU. O problema do PAC era de gestão — era da chefe da Casa Civil, era de Dilma Rousseff.

Em novembro, como resposta às pesquisas, os magos do Planalto resolveram — para se empregar uma expressão corrente — *repaginar* Dilma. A radical operação plástica não teria sido suficiente.

O ar sisudo então se transformou, da noite para o dia, em simpatia. Começara a sorrir nas cerimônias públicas — e por qualquer razão. Desenterraria a mineirice até na fala, alterando tom de voz e postura. Passou a citar Minas Gerais em todo momento, apesar de afastada do estado desde o início dos anos 1970. Tentaria também — sem jamais conseguir — expressar-se publicamente de forma clara, concatenando o raciocínio, em busca de maior proximidade com os ouvintes.

Numa guinada, de repente virou verde. A defesa do meio ambiente se tornara assunto seu — ela que, especialmente na Casa Civil, bateu de frente diversas vezes com a então ministra Marina Silva.

Em suma, era a concepção do figurino "Dilma paz e amor" — para o qual o publicitário João Santana teria papel importante. Nada, porém, que tirasse mínimo crédito do criador, Lula, aquele que traçara as linhas mestras do novo personagem.

Em 18 de novembro, o STF apreciou o caso Battisti. Tomou decisão digna de um tribunal de chanchada. Deliberou, numa primeira votação, que o terrorista deveria ser extraditado. Mas, num segundo escrutínio, por cinco a quatro, concederia a palavra final ao presidente da República.

Ou seja: sobrepôs a simples vontade presidencial a um julgamento da mais alta Corte brasileira, o Supremo. Prevaleceria, portanto, a tese do ministro Ayres Britto, segundo a qual extradições "começam e acabam no Executivo". A competência de manter as relações internacionais entre os países, de acordo com a Constituição, seria do presidente, e não do STF. Assim, pela compreensão de Britto, Lula poderia fazer o que bem entendesse — inclusive desrespeitar um tratado internacional.

O governo logo buscou uma brecha jurídica para manter Battısti no país. O tratado entre Brasil e Itália, assinado em 1989 e ratificado em 1993, permitia aos respectivos chefes de Estado negar a concessão de uma extradição. Esta recusa, contudo, deveria ser justificada por determinadas condições, entre as quais: "se a parte requerida tiver razões ponderáveis para supor que a pessoa reclamada será submetida a atos de perseguição e discriminação por motivo de raça, religião, sexo, nacionalidade, língua, opinião política, condição social ou pessoal; ou que sua situação possa ser agravada por um dos elementos antes mencionados".

Contra uma democracia plenamente estabelecida, a italiana, que assegurava os direitos de qualquer condenado, Lula decidiria pela permanência no Brasil de um terrorista envolvido em quatro assassinatos.

No final de novembro, nova operação da Polícia Federal causaria enorme escândalo. Levava o curioso nome de Caixa de Pandora. O governador do Distrito Federal José Roberto Arruda (DEM) e aliados foram flagrados recebendo dinheiro e ocultando as cédulas em bolsas, bolsos e até dentro das meias — tudo devidamente filmado. Uma das justificativas seria de que os recursos serviriam para comprar panetones.

Em gravações, Arruda aparecia como organizador do que ficaria conhecido como "mensalão do DEM". A denúncia envolvia vários parlamentares da Câmara Distrital, inclusive o presidente da Casa. Arruda era considerado a grande figura nacional do DEM, cotado para vice-presidente em uma possível chapa com o PSDB.

Ainda no campo da intersecção entre política e polícia, o chamado "mensalão mineiro" seria recebido pelo STF, por cinco votos a três, a 3 de dezembro. A denúncia tinha como principal réu o ex-governador tucano Eduardo Azeredo, acusado pelos crimes de peculato e lavagem de dinheiro.

A questão do mensalão já havia ocupado o noticiário político em setembro, quando foram condenados, em primeira instância, os dirigentes do Banco Rural e do BMG envolvidos com o mensalão petista. Deveriam, segundo a sentença, ser afastados do mercado financeiro por oito anos. Cabia recurso. Recorreram.

Como sempre, Lula procuraria tirar algum proveito político das várias denúncias. Disse que apresentaria um projeto que propunha transformar em hediondo o crime de corrupção, aumentando o rigor e as penas da condenação.

O ano terminava com o desenho da sucessão presidencial pronto. Dilma seria a candidata oficial, e a aliança com o PMDB estava informalmente estabelecida. O partido deveria indicar Michel Temer para vice, o que desagradava Lula. Considerava-o um nome de pouco apelo político.

José Serra fechava o ano como o candidato oficioso do PSDB. Aécio Neves, em dezembro, resolvera retirar seu nome de uma provável postulação à Presidência, preferindo se lançar ao Senado e amarrando as alianças para manter seu partido no governo de Minas. Marina Silva corria por fora, pois enfrentava dificuldades para estabelecer alianças. E Ciro Gomes parecia prestes a desistir de sua postulação ao cargo.

Os resultados econômicos de 2009 foram muito ruins. Houve recessão. O PIB crescera negativamente 0,9%. E o predomínio das *commodities* era a cada ano maior: em 2003, representava 28% do total das exportações; em 2009, alcançara 40,5%. No mesmo período, a importação de bens de consumo saltou de 11,5% para 16,9% do total. A dívida pública superaria os R$ 2 trilhões.

Lula, porém, era só alegria. Continuava a transformar qualquer cerimônia em palanque de campanha. Tudo era motivo para mais um discurso, no qual tecia loas a si próprio e a seu governo — como quando da indicação do Rio de Janeiro para sede das Olimpíadas de 2016, em outubro.

O ufanismo lulista passaria por cima dos maus resultados econômicos, das acusações de corrupção e das alianças espúrias. Nada era obstáculo. Sem escrúpulos e somente pensando na manutenção do poder, dominou quase sozinho a cena política.

2010

LULA COMEÇOU O ANO como cabo eleitoral de Dilma. Nos primeiros comícios — travestidos de inaugurações ou de lançamento de obras do PAC —, disse que estava enterrando o figurino "Lulinha paz e amor", construído na campanha de 2002.

Deixava claro, assim, que faria de tudo para eleger sua sucessora, e que não admitiria uma "volta ao passado". Numa reunião ministerial, por exemplo, resolveu falar de política eleitoral publicamente e atacou o presidente do PSDB, Sérgio Guerra, chamando-o de "babaca".

O responsável pela Advocacia-Geral da União (AGU), Luís Inácio Adams, defenderia o lançamento, em pleno ano eleitoral, do PAC 2 — a nova versão do Programa de Aceleração do Crescimento: "Este governo termina só em 31 de dezembro de 2010." Para ele, o trabalho não podia "parar" e, claro, negava o caráter eleitoreiro da novidade: "Isso é atividade normal de governo, de qualquer governo." Tergiversava. Era propaganda aberta, sem qualquer subterfúgio.

Afinal, o PAC original cumprira um terço das metas. Como, portanto, lançar o segundo? O importante, porém, era impressionar a opinião pública, construindo a fantasia de um governo ágil, dinâmico, planejador e preocupado com as questões sociais, especialmente porque, em 2009, houvera recessão econômica, o que não ocorria desde 1992.

A 20 de fevereiro, durante o 4º Congresso do Partido dos Trabalhadores, em Brasília, Dilma foi lançada candidata à sucessão de Lula. Sua designação ainda não era oficial, pois a hipócrita legislação eleitoral determinava que a formalização legal das candidaturas só poderia ocorrer a partir de junho.

Representantes dos partidos aliados estiveram presentes, inclusive o presidente da Câmara dos Deputados, Michel Temer, que lutava para integrar a chapa oficial.

Como em tudo que envolve Lula — e a imposição de Dilma era um gesto de vontade imperial —, a entrada no auditório do Congresso fora cuidadosamente planejada. Ele chegou com a esposa e sua candidata. Uma ovação. Antes dos discursos, um vídeo contou os trinta anos de história do PT. Dilma aparecia com amplo destaque, ao lado do presidente, numa narrativa que consistia em verdadeiro exercício de ficção, digna do stalinismo, pois ela ingressara no PT há menos de dez anos — boa parte dos quais sem qualquer destaque.

Lula discursaria longamente. O partido obedecera, sem voz discordante, a sua escolha, a de uma militante desprovida de tradição partidária, inclusive na seção do Rio Grande do Sul, estado onde, durante duas décadas, atuara pelo PDT.

Majestaticamente, o presidente fez questão de proclamar que "Dilma não é candidata do Lula, ou do PT. É muito mais". Ela representaria, "nesta eleição, não a vontade do seu presidente e do seu partido, mas a vontade dos partidos aliados que ajudaram a construir o governo que mais investiu em política social na história deste país". E assim foi construindo o formato da criatura, pensando já na propaganda eleitoral.

Se, em seus dois governos, Lula possibilitara o maior lucro da história dos bancos brasileiros e transferira bilhões de reais para os empreendimentos do grande capital, agora fazia questão de elaborar uma fantasia de estatista para sua candidata.

Primeiro, pensou em atender as alas consideradas mais à esquerda no PT: "Vão dizer que a Dilma é estatizante. Isso não é ruim, não. Isso é bom. Se prepare, Dilma." E continuou. Não se tratava de estatizar "bar, boteco, borracharia, pizzaria, cervejaria". Ela, no entanto, não teria medo de tomar decisões e estatizar setores estratégicos que não estivessem "funcionando": "O Estado tem que ser o grande indutor [de investimentos]."

Mais uma vez, não escondia a disposição de fazer tudo para elegê-la: "Bom governo é aquele que elege o seu sucessor. Eleger a Dilma não é uma coisa secundária para o presidente da República (...) É uma coisa prioritária para mim."

Logo passou às qualidades da candidata: "Mulherada do meu querido Brasil, essa é uma oportunidade ímpar de vocês irem à luta para fazer valer o interesse de vocês (...) É um momento extraordinário para que se deem as mãos e saiam à luta para ganhar as eleições."

Dilma foi tratada por "Dilminha", "moça" e "menina". Ela era "rigorosa", sua melhor qualidade, e fantástica gerente. Teria verdadeira obsessão pelos estudos e pela leitura — curioso elogio da parte de alguém que sempre fez questão de demonstrar desprezo pela cultura letrada.

Relembrou a crise do mensalão para enaltecer a "lealdade política" de Dilma: "No auge da crise de 2005, que foi uma tentativa de dar um golpe no governo, em nenhum momento deixou de demonstrar o compromisso de classe dela, de que lado que estava, e a lealdade extraordinária dela em defender as coisas que o governo fazia." E então a enalteceu ainda mais: "Nos momentos difíceis, não faz que nem tartaruga: ela não esconde o pescoço."

Durante o discurso, faria questão de anunciar a presença de José Dirceu, muito aplaudido.

Ainda em janeiro, Lula recebeu boa notícia. De acordo com a pesquisa CNT/Sensus, caíra a rejeição do eleitorado à sua candidata, de 34,4% em novembro de 2009 para 28,4% no primeiro mês de 2010. Segundo o levantamento, houvera uma redução, pela metade, na diferença entre Dilma e o provável candidato do PSDB, José Serra: de 10,1% para 5,4% no mesmo período. O tucano obteve 33,2% das intenções de voto, e a ministra, 27,8% — quase um empate técnico.

Havia uma diferença, contudo: Serra ainda não se lançara, nem de maneira informal, candidato. Exercia o governo de São Paulo e não efetuara sequer um pronunciamento público sobre sua provável candidatura. O respeito à lei já cobrava seu preço eleitoral.

O governo continuava a todo vapor, embora a administração pública tivesse sua atuação cotidiana vertida em benefício da candidatura de Dilma. Em grande parte, devia-se a este desvio o anúncio do III Programa Nacional de Direitos Humanos.

Com 73 páginas, o documento era um verdadeiro programa político. Tratava de tudo um pouco — uma espécie de Deus e sua obra. Abordava de financiamento público de campanha a reformulação da legislação dos planos de saúde; de mudança do Estatuto do Índio a taxação das grandes fortunas. Falava até da medição do "impacto da biotecnologia aplicada aos alimentos, da nanotecnologia, dos poluentes orgânicos persistentes, metais pesados e outros poluentes inorgânicos em relação aos direitos humanos".

Havia, porém, temas polêmicos, para dizer o mínimo, entre os quais a "instituição de critérios de acompanhamento editorial a fim de criar um ranking nacional de veículos de comunicação comprometidos com os princípios de direitos humanos". Era uma forma velada de censura, tanto mais porque combinada ao item que propunha mudança da regra constitucional sobre a concessão de outorga e renovação de rádios e televisões.

Depois de muito barulho, o plano cairia no esquecimento, mas, antes, além de mostrar novamente a veia autoritária do PT, serviria para mobilizar os petistas e setores próximos para a campanha eleitoral que se avizinhava.

A visita a Cuba, em março, a quarta de Lula como presidente da República, mais uma vez colocava em tela a questão dos direitos humanos. Na ilha, dominada pela família Castro há meio século, alguns presos políticos encontravam-se então em greve de fome. Em fevereiro, após 85 dias sem comer, Orlando Zapata morrera. Não fora o primeiro. Lula, porém, desqualificaria a resistência: "Lamento profundamente que uma pessoa se deixe morrer por fazer uma greve de fome. Vocês sabem que sou contra, porque fiz greve de fome." E concluiria: "Imagine se todos os bandidos que estão presos em São Paulo entrarem em greve de fome e pedirem liberdade."

O presidente, que mentia, cometera dois graves erros. A greve de fome dos cubanos era de prisioneiros políticos condenados por uma ditadura quando defendiam as liberdades democráticas — este, o primeiro. O segundo dizia respeito à greve de fome que teria feito, em 1980. Ele próprio confessou que tentara ludibriar os colegas: "Aí, quando decretaram greve de fome, eu até tentei guardar umas balinhas embaixo do travesseiro. O Djalma descobriu e jogou fora as minhas balinhas."[63]

Orlando Zapata era muito diferente de Lula. Sua morte, portanto, não mudaria uma linha no comportamento do presidente — que manteve o absoluto desprezo por aqueles que lutavam contra as ditaduras que apoiava.

Em agosto, repetiria esse comportamento no caso de Sakineh Ashtiani, a iraniana condenada a 99 chibatas e à morte por lapidação, acusada de adultério. Pressionado a tomar uma posição, Lula disse que não poderia passar o dia atendendo a pedidos e que as leis dos países deveriam ser respeitadas:

> Um presidente da República não pode ficar na internet atendendo todo o pedido que alguém pede de outro país (...) É preciso tomar muito cuidado porque as pessoas têm leis, as pessoas têm regras. Se começarem a desobedecer as leis deles para atender o pedido de presidentes, daqui a pouco vira uma avacalhação.

E nada fez. Pior: a 9 de junho, no Conselho de Segurança da ONU, o Brasil, juntamente com a Turquia, seria o único país — entre os quinze integrantes — a votar contra as sanções ao Irã pelo programa nuclear. A pressão internacional, no entanto, acabou levando a justiça iraniana a rever o processo — mas sem qualquer palavra do governo brasileiro.

A 29 de março, em grande cerimônia, Lula lançou oficialmente o PAC 2. Estiveram presentes trinta ministros, dezoito governadores

---

[63]Ver www.abcdeluta.org.br. Djalma é o líder metalúrgico Djalma Bom, que chegou a ser deputado federal pelo PT. Posteriormente, saiu do partido e deixou de ter participação política.

e dezenas de parlamentares. Tudo mero pretexto para mais um ato de campanha da candidata oficial. O slogan da segunda etapa do programa era "o Brasil vai continuar crescendo".

Ironicamente, divulgou-se então o índice de crescimento do PIB em 2009, negativo em 0,9% no entanto — um quadro recessivo!

A máquina governamental, a ousadia de Lula e a inércia da oposição deixavam o campo aberto para Dilma. O PSDB estava paralisado. Serra saíra do governo de São Paulo a 31 de março e, dez dias depois, lançou-se candidato. Começaria a novela sobre a formação de sua chapa. Aécio Neves era considerado o vice ideal. O ex-governador mineiro, contudo, tinha outros planos. Preferia disputar o Senado, garantir uma eleição consagradora e assim somar forças para concorrer à Presidência em 2014.

Ciro Gomes enfim percebeu que a possibilidade de ser vice de Dilma era a cada dia mais remota. E pior: a candidatura ao governo de São Paulo se esfumaçara. Teve de ficar restrito ao Ceará e cuidar dos interesses políticos da sua família — a mais nova oligarquia do estado. Receberia, como prêmio de consolação, a Secretaria dos Portos.

Lula se impunha como o grão-senhor da política nacional. Conseguira costurar uma ampla aliança de sustentação eleitoral para Dilma: dez partidos. O PSDB — ainda dividido e sem força para negociar com parceiros — acabaria isolado, restrito ao apoio de DEM e PPS.

A indefinição sobre o vice de Serra pioraria o clima na oposição. A princípio, o PSDB pretendia indicar o senador Álvaro Dias. Depois, cogitou-se o nome de Sérgio Guerra — o de Aécio já fora abandonado. Finalmente, e sem muita margem para escolha, optou-se por um vice do DEM, absolutamente desconhecido da maioria do eleitorado, o deputado carioca Índio da Costa.

Em abril, após longa batalha judicial, ocorreria o leilão da usina de Belo Monte, a ser construída no rio Xingu. A dúvida sobre Belo Monte — cujo porte só era superado por Três Gargantas, na China, e Itaipu, de Brasil e Paraguai — residia em seu custo. O governo estimara o preço em quase R$ 20 bilhões, mas as empreiteiras o aumentavam para R$ 30 bilhões.

Mais que o preço, entretanto, a construção da usina mobilizava um grande debate sobre o uso dos rios amazônicos e das consequências ambientais para a região.

Em junho, Dilma Rousseff teve sua candidatura homologada oficialmente pelo PT. Àquela altura, já estava empatada com Serra nas intenções de voto — e sempre em curva ascendente.

Na ocasião, falou por cinquenta minutos e citou trinta vezes o nome do presidente. A cada menção, o público urrava: "Lula tá com ela, eu também tô."

Estava mais que claro: configurava-se, na figura de Dilma, o terceiro mandato de Lula. Ele, aliás, estabelecera uma agenda conjunta com ela. Não perdia ocasião para elogiá-la. Estava em estado de graça. Sugeriu-se até que, após deixar o governo, pudesse concorrer à secretaria geral da ONU — o que talvez explicasse a criação, ao longo de seus dois governos, de 68 novas embaixadas e consulados, e a visita a 83 países, alguns dos quais várias vezes, totalizando 267 viagens oficiais, com uma média de aproximadamente três por mês.

Um exemplo, entre tantos, de que o crime eleitoral compensa ocorreu a 14 de julho. Era uma cerimônia banal. No governo petista, todavia, qualquer ato administrativo tornava-se comício — ainda mais em ano eleitoral.

Lançava-se então o edital — simplesmente o edital, não o início da obra — do trem bala que deveria ligar São Paulo, Campinas e Rio de Janeiro. Lula atribuía a responsabilidade do projeto a Dilma:

> A verdade é a seguinte: eu não posso deixar de dizer, aqui, que nós devemos o sucesso disso tudo que a gente está comemorando aqui a uma mulher. Na verdade, nem poderia falar o nome dela porque tem um processo eleitoral, mas a história a gente também não pode esconder por causa de eleição.

E continuava: "A verdade é que a companheira Dilma Rousseff assumiu a responsabilidade de fazer esse Trem de Alta Velocidade, e foi ela quem cuidou, junto com a Miriam Belchior, junto com a Erenice..." A plateia delirava. Todos a ignorar a proibição legal explícita: agentes públicos não podiam ceder ou usar em benefício de candidatos bens móveis ou imóveis públicos.

Para Lula, pouco importava. Em campanha aberta, aproveitou para atacar a oposição: "Se a gente olhar, no mundo, todas as coisas feitas, as grandes coisas, foram por gestos de ousadia, de coragem de gente que não teve o medo de enfrentar o debate. Até a Torre Eiffel, que hoje é admirada por todo mundo, deve ter tido umas 5 mil ações populares."

Foi em frente, não só violando a lei como informando incorretamente o público: "Nós já tivemos, em São Paulo, buraco de metrô que não se encontrou, e isso recentemente." E concluiu: "O trem brasileiro de alta velocidade é um projeto que nós devemos a uma mulher (...) a companheira Dilma Rousseff."

O presidente tinha absoluta certeza da leniência da Justiça. Ademais, fosse condenado, seria a uma pena monetária simbólica. Até outubro, portanto, violaria sistematicamente a lei e ridicularizaria diversas vezes as ameaças de punição. Em um ato, chegou a pedir que, se necessário, os assistentes fizessem uma vaquinha para pagar as multas.

Em agosto, a campanha presidencial teve início formal. No campo das ideias, seria um fiasco. Acusações, dossiês e um excessivo predomínio do marketing eleitoral encobriram a discussão dos graves problemas nacionais.

Logo no início do mês, uma denúncia de violação do sigilo fiscal da filha e do genro do candidato José Serra — posteriormente incluindo mais duas pessoas — transformou-se em escândalo. A rocambolesca história envolvia um jornalista que integraria o "grupo de inteligência" da campanha de Dilma e demonstrava, mais uma vez, que, para o petismo, não havia limite ético quando o assunto era eliminar a oposição.

A cada dia eram revelados novos detalhes do uso da máquina de Estado para tentar coagir adversários políticos.

No mês seguinte, ver-se-ia o outro lado da moeda: o aparelhamento do Estado para enriquecimento privado e obtenção de recursos para o partido. O filho da ministra Erenice Guerra — que sucedeu Dilma na Casa Civil — criara uma empresa que intermediava contratos de empresários com órgãos públicos. Era tráfico de influência. E regiamente pago, de acordo com a denúncia. Além da remuneração pelo "serviço", o filho da ministra recebia também uma "taxa de sucesso", que alcançaria até 6% do valor do negócio. Mais uma vez, surgiam parentes de petistas envolvidos em transações nebulosas.

Devido ao fato de o novo escândalo se dar em pleno período eleitoral, o presidente teve de optar pela demissão de Erenice, a 19 de setembro.

As pesquisas novamente falhariam. Às vésperas do pleito, apontaram a vitória de Dilma no primeiro turno, com mais de 50% dos votos válidos. Ela obteve 46%, Serra, 32%, e Marina Silva, a grande surpresa da eleição, 19%. Haveria segundo turno.

Abria-se mais uma possibilidade para a oposição oferecer uma alternativa ao país. Novamente, porém, fracassaria. Foi propalada a ideia de trocar o vice. Índio da Costa daria lugar a Fernando Gabeira.

Se o nome de Gabeira de fato trazia consistência à chapa, tal mudança deveria ser feita imediatamente, de modo a se criar um fato novo na campanha, e não através de um lento processo de consulta aos partidos aliados. Arrastando-se, a ideia seria abandonada três dias depois e só serviria para enfraquecer Serra ainda mais.

A 31 de outubro, Dilma Rousseff foi eleita presidente. Derrotara José Serra por uma margem considerável, 12 milhões de votos, embora não alcançasse a votação de Lula em 2006 (58.295.042).

Mais de 29 milhões de eleitores se abstiveram. Brancos e nulos alcançaram 7 milhões. Ela venceu em quinze estados e no Distrito Federal, enquanto Serra, em onze. No Nordeste, Dilma ganhou em todos os nove estados — em alguns deles, com mais de 70% dos votos. No Ceará e no Maranhão, por exemplo, teve, respectivamente, 77% e 79%. Serra foi vitorioso em toda a região Sul.

Para o triunfo de Dilma, foi decisiva a vitória em Minas Gerais por mais de dezessete pontos percentuais de diferença. Isto em um estado em que o PSDB vencera a eleição para governador no primeiro turno e em que governava desde 2003.

Pouco antes do Natal, Dilma divulgaria seu ministério. As 37 pastas foram loteadas entre os partidos que a haviam apoiado. Coube ao PT a parte do leão: dezessete pastas. O PMDB ficou com seis. O PSB, com dois. PP, PR, PDT e PCdoB levaram um cada. Oito ministros, supostamente, não tinham filiação partidária. Conversa-fiada: eram petistas enrustidos.

Desta forma, o PT controlaria as principais pastas, mas sem que os outros partidos ficassem insatisfeitos com a parte do banquete da coisa pública que lhes fora oferecida.

Lula fechava um ano vitorioso. Conseguira eleger a sucessora — o que era considerado uma aventura, quando da indicação de Dilma —, as pesquisas de opinião apontavam popularidade recorde de 87% (o governo tinha 80%) e o país crescera 7,5%.

Inebriado com a vitória, numa cerimônia pública do programa (fracassado) Minha Casa, Minha Vida, disse delirante: "Foi gostoso passar a Presidência da República e terminar o mandato vendo os Estados Unidos em crise, vendo a Europa em crise, vendo o Japão em crise, quando eles sabiam tudo para resolver os problemas da crise brasileira, da crise da Bolívia, da crise da Rússia, da crise do México." E concluiu afirmando que a solução para o problema econômico, no Brasil, não fora dada por "nenhum doutor, nenhum americano e nenhum inglês, mas por um torneiro mecânico pernambucano".

O PT elegeu uma grande bancada no Congresso Nacional. Foi o partido mais votado para a Câmara dos Deputados, com pouco mais de 16 milhões de votos e 88 parlamentares — o maior contingente da Casa naquela nova legislatura. Lula, o grande vitorioso individual, empenhara-se pessoalmente, ao longo da campanha, em derrotar senadores que considerava inimigos: Arthur Virgílio e Tasso Jereissati, ambos do PSDB, entre outros.

O presidente deu novo sentido histórico às velhas oligarquias estaduais, acobertou casos de corrupção, transformou o PT em simples correia de transmissão de sua vontade pessoal, infantilizou a política e privatizou o Estado em proveito do grande capital e de seus aliados.

Propalou-se que teria, como prioridade em 2011, investigar e revelar que o mensalão fora uma farsa. Em entrevista, disse que "esse caso me lembra o linchamento de inocentes. Muita gente entra na onda, fica cega e surda para qualquer argumento contrário e passa, vamos dizer, a jogar bosta na Geni". Lula mentia. Sabia que os mensaleiros petistas não eram inocentes. Fora ele, aliás, o grande favorecido pelo esquema. Mentia. Como poderia investigar se deixava a Presidência? Com quais instrumentos? Por que não o fez antes? Mas o país estava distante do mundo da razão. Vivia, naquele momento, enfeitiçado pelo carisma de Lula.[64]

---

[64] O culto da personalidade do presidente chegou a tal ponto — e tudo com amplo financiamento público — que, em 2010, foi lançado um filme romanceando sua vida: *Lula, o filho do Brasil*. O filme acabou sendo um fracasso de público — eram esperados 20 milhões de espectadores, mas foi atingida apenas 5% da meta — e de crítica.

2011

A POSSE DE DILMA ROUSSEFF em nada remetia à euforia de 2003 ou à alegria contida de 2007. Se, em 2003, eram 120 mil pessoas presentes em Brasília para ver Lula assumir a Presidência da República, em 2011, com uma avaliação muito otimista, não passariam de 25 mil.

O tempo instável poderia justificar, em parte, o relativo desânimo. Decisivos mesmo, porém, eram a falta de carisma de Dilma e o fato de que se tratava também, afinal, da despedida de Lula.

O longo e tedioso pronunciamento no Congresso Nacional deu a linha do que seria o governo de Dilma. Sem entusiasmo, a presidente leu o discurso preparado por assessores. Buscou um tom coloquial. Chamou os cidadãos de "queridos e queridas", como uma mãe carinhosa. Foi patético.

Usou imagens gastas, pobres e de gosto duvidoso. Disse que "será a primeira vez que a faixa presidencial cingirá o ombro de uma mulher", e que a "aparente suavidade da seda verde-amarela da faixa presidencial" não escondia "a força e o exemplo da mulher brasileira".

Prometeu ser rígida no combate à corrupção e foi aplaudida por José Dirceu, presente à cerimônia. Louvou Lula entusiasticamente. Entre outras loas, falou: "Sob sua liderança, o povo brasileiro fez a travessia para uma outra margem da história."

Lula era o Moisés brasileiro — só isso.

Reapresentou o seu programa eleitoral com a energia de uma burocrata do socialismo real. E, como fiel discípula do Ministério da Verdade, declarou que queria ser a presidente "que consolidou o SUS, tornando-o um dos maiores e melhores sistemas de saúde pública do mundo".

Afirmou, sem falsa modéstia, que tinha dedicado toda a sua vida "à causa do Brasil". Embora não custe recordar que, desde jovem, escolhera uma interpretação de mundo materialista, concluiu com uma surpreendente mensagem de esperança: "Deus abençoe o Brasil! Que Deus abençoe a todos nós!"

O monótono discurso seria recebido com palmas protocolares. Depois, dirigiu-se ao Planalto e, no parlatório, repetiu a mesma arenga. A adesão da plateia era ao estilo da antiga Alemanha Oriental, de modo que o destaque da cerimônia não seria ela ou seu vice-presidente, sempre com aquele ar de mordomo de filme de terror, mas a jovem esposa de Michel Temer. Vestindo uma blusa marrom que deixava o ombro à mostra, saia salmão e longa trança, a moça — 43 anos mais jovem que o marido — roubou a cena.

O Moisés de Dilma desceu a rampa do Planalto e rumou para São Bernardo do Campo, a sua Canaã. Na base aérea, como numa república bananeira, ouviria, antes de partir, uma banda militar tocar o hino do Corinthians.

A maior surpresa, contudo, dar-se-ia ao chegar à antiga morada, lá no ABC paulista, onde uma festa de recepção organizada pela prefeitura petista tinha José Sarney como o mais importante convidado. Sinal dos tempos.

Afinal, durante as célebres greves dos metalúrgicos de São Bernardo, Sarney, fiel escudeiro da ditadura, apoiara todas as medidas repressivas. Ele não tinha mudado, entretanto. Era o mesmo. Lula, sim, mudara.

A comprovar que o governo Dilma representaria a continuidade do de Lula — e continuidade piorada, pois o modelo político-econômico já dava sinais de esgotamento —, no dia 3 de janeiro a Casa Civil encerrou a sindicância sobre as atividades pouco republicanas de Erenice Guerra.

Não houve qualquer responsabilização. De acordo com a investigação, apesar das evidências, não existiam provas. Assim, na esfera do Planalto, o caso festava encerrado — como esperado.

Para demonstrar autoridade, Dilma exigiu explicações do general José Elito Siqueira, do gabinete de Segurança Institucional, que, no discurso de posse, disse que os desaparecidos políticos são um "fato histórico" do qual "nós não temos que nos envergonhar ou vangloriar".

No dia seguinte, no entanto, diante do escândalo dos passaportes diplomáticos, não agiria com a mesma energia. Claro. Tinham sido concedidos a Luís Cláudio e Marcos Cláudio, filhos de Lula — e em decisão justificada com base em "interesse do país". Isto mesmo: interesse do país.

Dias depois, soube-se que dois netos do ex-presidente também gozavam do benefício. Após muita pressão, o Itamaraty revelaria a lista de beneficiados: eram 328. Desde a eclosão do escândalo, o Ministério Público solicitara a anulação do benefício. Para o chanceler Antônio Patriota, porém, a medida "feriria" direitos adquiridos.

Dilma iniciara seu governo sob a sombra de Lula. Sempre teve plena consciência de seus limites. Sabia que era uma simples criatura, obra de Lula, o criador.

Isto ficaria muito evidente a 3 de janeiro, quando a *Folha de S. Paulo* publicou entrevista de Gilberto Carvalho, secretário-geral da Presidência, para quem ela não tinha carisma: "Não temos o peso definidor da figura do Lula, a capacidade de sedução que ele exerceu. A Dilma não tem naturalmente essa relação. Vamos ter que construir." E prosseguia, num tom de ameaça: "Acho que o governo da Dilma será de muita competência. Se Deus quiser, faremos um belíssimo governo e ela será reeleita. É evidente que, se não der certo, temos um curinga. Estou dizendo para a oposição: 'Calma. Não se agitem demais. Temos uma carga pesada. Não brinca muito que a gente traz.' É ter o Pelé no banco de reservas."

Se Dilma tivesse algum tipo de independência, demitiria imediatamente o ministro. Não o fez. Reconheceu que nada representava. Que fora eleita porque o "Pelé", candidato oculto, não podia concorrer. Seu mandato nascia incontornavelmente limitado pela figura onipresente de Lula — e ele usaria e abusaria desta relação.[65]

Ainda em janeiro, na primeira reunião sob o governo Dilma, o Copom aumentaria a taxa básica de juros em meio ponto, para 11,25%. A alta tinha como objetivo frear o consumo e segurar a inflação.

Outra medida na mesma direção era o esperado corte no orçamento, na ordem de R$ 50 bilhões — isto num ano recém-iniciado,

---

[65] Lula, diversas vezes, "ameaçou" voltar. Em 27 de abril de 2011, diria: "Estou com saudade, um comichão, uma coceira esquisita, com vontade de fazer caravana, viajar pelos estados, fazer plenárias, visitar quilombos e indígenas. Eu estou com vontade de tudo, mas eu tenho de me controlar, pois somente com autocontrole é que vou conseguir desencarnar e assumir o papel de ex-presidente de verdade."

com os novos ministros ainda aprovando os gastos de suas pastas a partir do que fora apresentado no final do exercício anterior.

Como os cortes foram realizados aleatoriamente, de modo a simplesmente cumprir uma meta, por que então discutir e elaborar, durante meses, o planejamento orçamentário?

Em fevereiro, foi aprovado o novo salário mínimo, de R$ 545. E mais: o Congresso, em uma espécie de autocassação, entregara ao Executivo o direito de estabelecer o mínimo, por decreto, até 2015. Ou seja, o Legislativo aceitara e apoiara — com ampla maioria — uma lei que retirava dele a atribuição de aprovar, por quatro anos, o salário mínimo.

Quarenta e cinco dias depois da ordem de corte orçamentário de R$ 50 bilhões, o governo ainda não atingira a meta. Os ministérios do Planejamento e da Fazenda, afinal, concluiriam a redução de gastos em "apenas" R$ 36,2 bilhões.

O programa Minha Casa Minha Vida, uma das vitrines da campanha de Dilma, sequer tinha verba para quitar os R$ 9,5 bilhões em despesas remanescentes da administração lulista, período em que as moradias entregues não chegaram a um quarto do número prometido — R$ 1 milhão.

No início de março, novamente o BC elevou a taxa de juros. O índice foi fixado em 11,75%. Era o temor de a inflação estourar a meta. A boa notícia seria a divulgação completa do crescimento do PIB em 2010: 7,5% — o maior desde 1985. Desta forma, o Brasil superava a Itália e tornava-se a sétima economia do mundo.

Contudo, desde o último trimestre do ano anterior, a economia pisara no freio. A entrada de capital estrangeiro permanecia, especialmente o especulativo, à procura da taxa de juros, uma das mais altas do mundo. O acesso de dólares valorizava o real e encarecia as exportações. Um problema que a Fazenda não conseguia resolver e que trazia sérios problemas ao país.

Apontando para a incapacidade gerencial e estratégica do governo, a novela do trem bala teria novos capítulos em abril. O primeiro leilão fora suspenso em novembro de 2010. Agora, novamente, o Planalto optaria por adiá-lo por mais três meses.

A obra, que deveria estar de todo concluída para a Copa de 2014, com os atrasos, dificilmente seria inaugurada para a Olimpíada, em 2016. Orçada, de início, em R$ 33 bilhões, seu valor em 2011, de acordo com algumas fontes, chegava à cifra astronômica de R$ 53 bilhões.

Dilma completara cem dias de governo em abril. Nada tinha a mostrar. Estava, no entanto, muito bem no quesito popularidade. O figurino de gerentona severa, combinada com o de mãe do PAC, dera resultado político. Alguns opositores do petismo diziam que ela era mais institucional que Lula, e até sonhavam com uma possível rebelião da criatura contra o criador. Doce ilusão....

Omissa e desarticulada, a oposição não conseguia explorar fragilidades evidentes do governo, como o reajuste do salário mínimo — o primeiro abaixo da inflação em catorze anos.

Mesmo ante a reintegração de Delúbio Soares ao PT, no final de abril, os líderes oposicionistas permaneceriam silenciosos, como se pairasse no país uma absoluta unanimidade política, como se, há menos de seis meses, José Serra não tivesse recebido 44% dos votos...

Em maio, o governo foi atingido pela primeira grande crise. No dia 15, reportagem da *Folha de S.Paulo* dedicava-se ao súbito enriquecimento do chefe da Casa Civil, Antonio Palocci.

De acordo com o jornal, em apenas quatro anos — enquanto exercia o mandato de deputado federal —, o ministro teve um aumento patrimonial de 25 vezes. Segundo Palocci, a fantástica evolução patrimonial decorria de seu trabalho como consultor, pois o mercado dava "enorme valor" a um profissional com sua experiência na administração pública.

Entre 2005 e 2006, Palocci enfrentara problema semelhante — ao qual resistiu, não sem sangrar, por oito longos meses. Desta vez, tentar-se-ia uma abordagem diferente. O governo queria encerrar rapidamente o caso e, de imediato, saiu em defesa do acusado. Para Gilberto Carvalho, secretário-geral da Presidência, com as explicações de Palocci, o "caso estava encerrado". A ideia era lançar o rolo compressor e liquidar a questão, sem qualquer desdobramento.

Não adiantaria. Novas denúncias demonstraram que, em 2009, o então deputado comprara uma sala comercial no bairro dos Jardins, em São Paulo, por R$ 882 mil, e, no ano seguinte, um apartamento na mesma região, por R$ 6,6 milhões. Movimentação incompatível com seus proventos.

Sua situação piorou quando revelado que o apartamento onde morava a família do ministro — de 640 metros quadrados, avaliado em R$ 4 milhões — era alugado de uma empresa que tinha como sócios um garoto de dezessete anos e um jovem que ganhava salário de R$ 700.

O jovem confessaria não ser o verdadeiro proprietário: "São coisas que envolvem pessoas com quem não tenho como brigar, como o Palocci, entendeu? Eu não tenho como bater de frente com essas pessoas. Sou laranja."

De nada adiantou a presidente vir a público para dizer que ele "estava dando todas as explicações para os órgãos de controle". Os fatos eram muito graves. Não havia como explicar a fabulosa evolução patrimonial de Palocci em tão curto espaço de tempo. Em 2006, por exemplo, ele declarara bens no valor de apenas R$ 375 mil.

A cada dia, novas acusações brotavam. Uma das quais, duríssima, a de que teria recebido R$ 20 milhões através de sua consultoria, valor pago nas semanas posteriores à eleição de Dilma.

Lideranças petistas defenderam o ministro, assim como os governadores do partido. José Dirceu, réu no processo do mensalão, acusado de formação de quadrilha e corrupção ativa, aproveitaria para atacar a oposição: "Tudo não passa de mais uma crise forjada."

Até aí, nada fora previsto. Grave, entretanto, seria a declaração do ministro da Justiça, José Eduardo Cardozo, para quem as suspeitas eram infundadas: "apenas palavras ao vento". O procurador-geral da República, Roberto Gurgel, também daria sua contribuição ao dizer que não encontrara indícios de que Palocci "tenha usado do mandato de deputado federal para beneficiar eventuais clientes de sua empresa perante a administração pública".

Em 7 de junho, porém, Antonio Palocci seria obrigado a pedir demissão. Sua carta é fiel representante do personagem:

> O ministro considera que a robusta manifestação do Procurador-Geral da República confirma a legalidade e a retidão de suas atividades profissionais no período recente, bem como a inexistência de qualquer fundamento, ainda que mínimo, nas alegações apresentadas sobre sua conduta. Considera, entretanto, que a continuidade do embate político poderia prejudicar suas atribuições no governo. Diante disso, preferiu solicitar seu afastamento.

Não há na história do Brasil caso semelhante: foi poderoso ministro em dois governos e caiu duas vezes por denúncias de corrupção — e tudo em apenas cinco anos.

Como os tempos petistas eram pródigos em ineditismos, logo teríamos um casal ocupando cargos de ministro no mesmo governo. Gleisi Hoffmann, senadora, assumira o lugar de Palocci. Seu marido, Paulo Bernardo, era ministro das Comunicações.

Não custa imaginar o alvoroço que o PT faria, caso estivesse na oposição, se um governo nomeasse um casal para chefiar dois ministérios.

No início de junho, surpreendentemente, o governo anunciou a entrega à iniciativa privada da administração dos aeroportos de Guarulhos, Viracopos e Brasília. A Infraero ficaria com 49% do empreendimento. A surpresa devia-se ao abandono, na prática, do discurso estatista, que reaparecera na campanha eleitoral.

Como em 2006, no momento mais tenso do embate eleitoral, também em 2010 o PT desenterrara as teses estatistas simplesmente para uso de ocasião. Governando a serviço dos grandes monopólios, a "recaída" era mera estratégia para emparedar uma oposição sem convicções e cabalar votos. Depois da vitória, tudo voltaria ao normal, como efetivamente ocorria.

No caso de Dilma, havia especulações na imprensa de que fosse mais "estatista" que Lula — o que não passava de nova fantasia. Sem capacidade gerencial e com os gargalos do transporte aéreo, restava privatizar os aeroportos, algo que nem os setores liberais haviam defendido nos últimos anos.

Ainda em junho, a Câmara dos Deputados aprovaria a medida provisória que permitia ao governo federal manter em segredo orçamentos feitos pela União, estados e municípios com vista às obras da Copa do Mundo de 2014 e da Olimpíada de 2016.

A MP determinava que os orçamentos prévios seriam disponibilizados "estritamente" aos órgãos de controle — e que os mesmos não poderiam ser divulgados. Segundo Ideli Salvatti, ministra das Relações Institucionais, "a possibilidade de sigilo é prevista na Constituição quando há interesse do Estado e da sociedade".

Era um escândalo. Nem as ditaduras que o Brasil teve no século XX — o Estado Novo e o regime militar — ousaram proibir a divulgação de gastos públicos. A repercussão negativa, contudo, faria com que o governo voltasse atrás.

Na nova versão da MP, concedeu-se acesso permanente dos tribunais de contas às planilhas e liberou-se a divulgação dos orçamentos. O senador Romero Jucá, da base governista, tentaria justificar a manobra, que, no seu entender, visava impedir que os interessados adulterassem as licitações combinando preços entre si. Disse, sem ruborizar: "Ao se colocar o termo sigiloso [...] ficou a impressão que ninguém saberia esses preços."

A desfaçatez no trato do dinheiro público continuava — e sempre a serviço do grande capital. O BNDES liberou R$ 4,5 bilhões para que Abílio Diniz comprasse o Carrefour. Com a operação, o dono do Pão-de-Açúcar passaria a controlar 32% do varejo supermercadista do Brasil.

A fusão, porém, fracassaria. Pensando no montante envolvido, quem ganhou foi o contribuinte brasileiro. O projeto foi vetado pelo sócio francês, o Casino, que não via vantagens para a empresa, tampouco para os acionistas. O BNDES, então, desistiu do negócio.

A recuperação da economia brasileira após a turbulência de 2008 criara um efeito colateral: o aumento da dívida externa. A crise financeira impusera o rebaixamento das taxas de juros praticadas nas economias mais desenvolvidas, o que gerou uma forte disparidade para com o Brasil.

Este cenário estimulou bancos e empresas do setor produtivo a sair em busca de financiamento no mercado internacional, para aplicações no país. Assim, a dívida externa, que era de R$ 200 bilhões no final de 2009, chegara a R$ 284 bilhões em maio de 2011.

A 6 de julho, denúncias levariam à queda de Alfredo Nascimento (PR-AM), titular dos Transportes. O segundo em um mês. O ministro era suspeito de envolvimento com casos de superfaturamento e propina em obras viárias.

O foco das acusações eram os dois principais órgãos do ministério, o Departamento Nacional de Infraestrutura de Transportes (DNIT) e a Valec (empresa pública voltada à construção de ferrovias). A gota d'água para a queda do ministro, no entanto, seria a denúncia de que uma empresa de seu filho, que tinha negócios com a pasta, obtivera, desde 2005, fabuloso crescimento no faturamento: 86.500%!

Nascimento abandonava o governo, mas não a vida pública. Pelo contrário. Reassumiria seu mandato no Senado e a presidência do Partido da República. Sua saída levou à derrubada em cadeia dos ocupantes de altos cargos do ministério: em dezessete dias, as denúncias de corrupção derrubaram duas dúzias de funcionários.

A irresponsabilidade de Lula ao colocar o governo brasileiro a serviço da FIFA — tudo para assegurar a Copa do Mundo de 2014 no país — cobrava o seu preço, alto preço.

Os estádios — chamados de arenas — eram erguidos formalmente como PPPs (parcerias público-privadas), mas o dinheiro público bancava, em junho, mais de 60% das obras para o mundial.

Em alguns casos, o compromisso estatal era muito maior, como no do estádio Fonte Nova, em Salvador, em que o setor público era responsável por 80% dos gastos. Procuradores do Ministério Público Federal denunciaram o desvirtuamento das PPPs, uma vez que muitos dos estados teriam condições de financiar as arenas por conta própria.

A criação das Parcerias Público-Privadas, porém, era considerada uma "vantagem" pelo governo, pois desobrigava as licitações — o que, dizia-se, resultaria em maior agilidade e, detalhe mais importante, em menor fiscalização sobre a aplicação dos recursos.

Mesmo adotando o modelo em questão, Bahia, Ceará e Pernambuco tinham recebido, até junho, R$ 1 bilhão do BNDES, para um total de investimentos de R$ 1,76 bilhão.

Ainda no campo da gastança pública desenfreada, seria cancelado mais um leilão do trem bala. O governo já gastara uma fortuna na elaboração inicial do projeto, mas nenhuma empresa privada queria assumi-lo. Como de hábito, a adesão dos "empreendedores" dependia do compromisso de recursos públicos. Com o impasse, o leilão foi adiado para 2013.

No início de agosto, mais um ministro seria defenestrado. Desta vez — única no ano — não por corrupção. Nelson Jobim, da Defesa, caiu após uma entrevista em que chamou Ideli Salvatti de "fraquinha" e disse que Gleise Hoffmann "nem conhece Brasília".
O ministro estava descontente com os cortes orçamentários na pasta, com a indefinição na compra dos caças — que vinha desde 2003 — e com o projeto de reequipar as três forças. A entrevista fora mero pretexto para sair do governo.

A 10 de agosto, mais uma denúncia contra um ministro de Dilma: Wagner Rossi, da Agricultura, indicado por Michel Temer na "cota" do PMDB. Rossi abrigava um lobista atuante dentro do prédio do ministério, com sala, secretária, telefone, enfim, toda estrutura. E sequer era servidor público. O ministro inovara.
O "funcionário" cuidava das licitações, que, só em 2011, deveriam alcançar a módica quantia de R$ 1,5 bilhão. Rossi declarou desconhecer o fato. Logo após, porém, seria denunciada sua íntima ligação com uma empresa que vendia produtos para o ministério. Surgiram fotos dele viajando no avião da companhia. Não havia como negar. Noticiou-se também a prosperidade do ministro: morava em uma mansão em Ribeirão Preto.
A Conab (Companhia Nacional de Abastecimento) tinha se transformado em um cabide de empregos. O número de "assessores especiais" saltara de seis para 26. Mostrando profunda identificação partidária, a companhia contratou vários parentes de

peemedebistas ilustres: um filho de Renan Calheiros, a ex-mulher de Henrique Alves, um neto do deputado Mauro Benevides e um sobrinho de Orestes Quércia. Todos com altos salários.

Rossi teve de pedir demissão. O quarto ministro demitido por corrupção em apenas três meses! A melhor definição da falta de limite ético, a propósito, viria do líder do governo na Câmara, Cândido Vacarezza, que dava pouca importância ao episódio e afirmava: o fato "não enfraquece o governo".

Dilma, por sua vez, representava o papel de "faxineira", como se não tivesse responsabilidade sobre os atos de corrupção de seus ex-ministros — uma espécie de ombudsman do governo que presidia. A demissão dos ministros fortalecia o figurino que João Santana, seu marqueteiro, compusera para ela.

Mesmo quando se irritava, cobrada sobre a queda dos ministros, aquilo também integrava o personagem. A expressão enraivecida, sempre a ponto de explodir, dava-lhe — desprovida de carisma — alguma personalidade, uma forma de identificação popular. Era a mãe que desejava o melhor para seus filhos, os cidadãos. E, num país com um baixíssimo nível de consciência política, a imagem era perfeita.

Mais ainda pela ausência de uma oposição minimamente organizada, confrontada com as denúncias de corrupção em seu governo, usava e abusava da expressão "malfeito" — solução também criada pelo marqueteiro. Toda barbaridade cometida por um auxiliar seu era um "malfeito". Pronto. Dilma só verbalizava o que lhe mandavam, tanto Lula quanto João Santana.

A presidente queria gerir a economia, julgava-se especialista, embora fosse uma neófita no assunto. Fizera apenas um curso de graduação na área. E nunca se especializara.

Com suas parcas leituras, tentaria dar o rumo econômico do país. Errava feio. Acreditara no personagem elaborado pelo marqueteiro, aquele de que era uma boa gerente.

Já em agosto, foi possível prever que o Brasil cresceria muito menos que o bloco dos países emergentes. Para o governo, todavia, bastava simplesmente baixar a taxa de juros, reduzida em 0,5%. Um bom sinal, mas paliativo, porque a dificuldade era muito maior. O ritmo de crescimento do PIB perdia força.

No acumulado dos últimos doze meses, o crescimento da economia passara de 6,2% em março para 4,7% em junho. O principal fator para tanto era a perda de ritmo na indústria, afetada pela valorização do real e pelos juros altos. A expansão no setor foi de apenas 0,2%. A limitação de Dilma e de sua equipe ficava, de mais a mais, evidente. Não conseguia perceber que o modelo de desenvolvimento se esgotara, e que estendê-lo artificialmente traria sérios problemas econômicos e sociais ao futuro do país.

Em setembro, foram divulgadas as estimativas dos gastos com a organização da Copa do Mundo. Tudo indicava que seria uma repetição dos jogos Pan-Americanos do Rio de Janeiro, em 2007, cujas despesas superaram em dez vezes o valor previsto.

Para a Copa, o governo, três anos antes, divulgara que seriam gastos R$ 23,4 bilhões. O valor já quadruplicara em setembro: R$ 112 bilhões. Faltava transparência nos investimentos, os projetos eram precários e o uso do RDC (Regime Diferenciado de Contratações) ensejava o aumento dos custos das obras e o desvio de dinheiro público.

Estudo divulgado pela Fundação Getulio Vargas revelou que, entre 2002 e 2008, a soma de recursos desviados dos cofres federais teria chegado a R$ 40 bilhões. E mais: não se levou em conta o que ocorrera nas obras nos estados e municípios.

Era um custo perverso. Com este dinheiro, seria possível construir 12 milhões de residências e reduzir à metade o déficit de moradias no país.

A 14 de setembro, caiu o ministro do Turismo, Pedro Novais (PMDB-MA). Era uma figura inexpressiva na Câmara. Chegara ao ministério no regime da "cota" do PMDB, notadamente de José Sarney.

Já antes da posse fora denunciado pelo uso indevido das verbas de gabinete, com as quais bancou supostas reuniões de assessores no motel mais caro de São Luís. Sua governanta era paga pelo governo e sua mulher usava um servidor da Câmara, há mais de sete anos, como motorista particular.

Uma operação da PF, ademais, detivera altos funcionários do ministério. Restou a Novais pedir demissão e voltar ao anonimato, mais um membro do baixo clero na Câmara.

No final do mês, mais uma notícia ruim: a previsão da inflação para 2011, que há três meses estava em 5,8% fora revista para 6,4%, encostando no teto da meta (6,5%). Mas, segundo o Banco Central, os efeitos da crise mundial deveriam ser suficientes para conter a alta dos preços.

A projeção anual do crescimento do PIB recuou de 4% para 3,5%. Em outubro, o BC reduziria novamente a taxa de juros em 0,5, para 11,5%. Esta medida, contudo, não resultaria em curto prazo. O BC já pensava no PIB de 2012.

A dimensão das dificuldades econômicas era de tal ordem que a simples variação do percentual da taxa de juros mostrava-se incapaz de superá-la. Quase metade das despesas do governo federal, de 1995 a 2010, fora direcionada para gastos sociais — tais como os programas de transferência de renda, além da previdência social. Outros 25% cobriram despesas com servidores públicos. E apenas 8,6% se converteram em investimentos na infraestrutura do país, incluindo estradas, portos, hospitais etc.

Era aí — na baixa taxa de investimento — que morava um dos principais problemas econômicos do Brasil.

A 26 de outubro, mais um ministro de Dilma seria obrigado a pedir demissão. E, como já era tradição, após graves denúncias publicadas na imprensa. Desta vez, Orlando Silva, do PCdoB, partido que, desde o início do primeiro governo Lula, controlava o Ministério dos Esportes.

De partido do trabalho, acabaria se transformando em partido do lazer, como se trocasse Karl Marx por Paul Lafarque. O ministério dava visibilidade — especialmente após a definição da Copa e da Olimpíada no Brasil — e recursos, normalmente transferidos para ONGs sem controle eficaz por parte dos órgãos responsáveis.

Acusava-se o ministro de arrecadar até 20% do valor dos convênios com as ONGs. Silva, segundo um dos denunciantes, teria recebido uma caixa de papelão recheada de notas de R$ 50 e R$ 100. Seriam provenientes de desvios do programa *Segundo Tempo*. Foram denunciados ainda diversos convênios considerados suspeitos.

Restou ao ministro demitir-se, mas não sem dizer-se — na saída — vítima de um linchamento político. Foi muito aplaudido na cerimônia de transferência de cargo — também para outro "comunista", Aldo Rebelo

As denúncias acabariam apuradas somente para cumprir tabela. E logo arquivadas.

A gestão de Orlando Silva fora muito ruim. Mas não residiam na sua incompetência os problemas de gerenciamento para a Copa do Mundo. Três semanas após sua saída do ministério, a presidente determinaria que o Ministério das Cidades alterasse, a toque de caixa, o modelo de transporte programado para duas cidades-sede: Salvador e Cuiabá.

Teriam de trocar o BRT (sistema de ônibus em corredores exclusivos) por metrô e VLT (veículos leves sobre trilhos), respectivamente. E os custos? No caso de Cuiabá, por exemplo, a substituição significaria um acréscimo de 140% do preço final da obra.

No Ministério do Planejamento, surgiria a proposta de até mesmo antecipar o início das aulas e das férias em 2014, prevendo problemas de mobilidade durante o evento. Mais um absurdo sugerido pelo ministério foi o de declarar feriado, nas cidades-sedes, nos dias de jogo.

No início de dezembro, o governo lançou mais um pacote. As medidas incluíam redução de impostos para empréstimos a pessoas físicas, aplicações de investidores estrangeiros e vendas de fogões, geladeiras e lavadoras. Com isso, de acordo com o ministro Mantega, o crescimento da economia em 2012 ficaria em 5% — o que não ocorreu.

Dilma queria de todas as formas aproximar a taxa de crescimento de 2011 à de 2010 (7,5%). Para tanto, porém, faltava projeto, ainda que de curto prazo. A economia brasileira vivia de medidas pontuais, ora mexendo na taxa de juros, ora no câmbio, ora com desonerações de impostos para setores escolhidos pelo governo.

Havia receio, por parte do governo, em promover um novo salto de crescimento, que exigiria o estabelecimento de políticas setoriais de médio prazo, com resultados econômicos imprevisíveis e com reflexos políticos impossíveis de serem determinados a priori. Daí a opção conservadora — e eleitoreira — por explorar ao máximo o modelo econômico existente. O projeto político petista era a prioridade. Não o país.

O Brasil parara de crescer no terceiro trimestre, de modo que o governo reduziria a previsão do PIB: de 3,8% para 3,2%. O único setor que registrou crescimento positivo foi a agropecuária, enquanto os serviços e a indústria encolheram, e o consumo sofreu retração de 0,1% — a primeira desde a crise do último trimestre de 2008.

Externamente, o panorama era incerto. A preocupação maior sempre fora com a China. Esperava-se uma queda na taxa de crescimento da economia chinesa, que teria reflexos nas exportações brasileiras. No quarto trimestre, o resultado esteve abaixo do esperado pelas autoridades econômicas. Desta forma, o crescimento do PIB seria de 2,7%, quase metade do previsto em janeiro. A inflação ficaria acima da meta: 6,5%. O desemprego, 6%, continuaria baixo. E a média da taxa Selic permaneceria muito alta: 11,7%.

A 4 de dezembro, caiu o sétimo ministro de Dilma — o sexto por graves irregularidades: o titular do Trabalho, Carlos Lupi (PDT). Desde novembro, acumularam-se sucessivas denúncias contra sua gestão. O ministério era acusado de contratar ONGs e exigir propina para resolver problemas criados artificialmente pela burocracia da pasta.

Lupi também fora fotografado usando avião de uma ONG que tinha contratos milionários com o ministério. Concedera, além disso, registros a sindicatos fantasmas. Antes de assumir a pasta, para agravar sua situação, tinha acumulado dois cargos — o que não era permitido: foi assessor do PDT na Câmara dos Vereadores do Rio de Janeiro e, ao mesmo tempo, assessor da liderança do partido na Câmara dos Deputados.

Acabou obrigado a se demitir. Por incrível que pareça, contudo, saiu fingindo indignação. Disse, em nota oficial, que se demitira esperando que "o ódio das forças mais reacionárias e conservadoras deste país contra o trabalhismo não contagie outros setores do governo".

Duas informações, já no final do ano, sintetizariam bem os tempos petistas, de manutenção do que havia de mais atrasado e corrupto na vida política nacional. De acordo com o Censo de 2010, 11,4 milhões de cidadãos viviam de forma precária, em áreas ocupadas irregularmente e com carência de serviços públicos. Representavam 6% dos brasileiros, equivalente à população de Portugal. O problema maior se concentrava nos grandes centros urbanos, sendo que o pior caso fora registrado em Belém, capital do Pará, onde 54% da população vivia em favelas.

No dia seguinte à publicação dos dados, 28 de dezembro, Jader Barbalho (PMDB), representante do Pará, assumiu sua cadeira no Senado. Tinha renunciado, em 2002, ao mandato de senador devido a suspeitas de corrupção. Em 2006, elegeu-se deputado federal e, em 2010, senador. Teve 1,7 milhão de votos. Inicialmente, a Justiça Eleitoral entendera que se enquadrava na Lei da Ficha Limpa. Para o STF, porém, a lei não poderia valer para o pleito de 2010.

A principal base eleitoral de Jader Barbalho é justamente a cidade de Belém.

2012

O ANO COMEÇAVA com mensagens governamentais de otimismo, apesar de o crescimento econômico de 2011 ter sido sensivelmente mais baixo do que o esperado. A crise internacional certamente fora um fator importante para o resultado fraco, mas não o único, muito menos o mais determinante.

O mercado interno dava sinais de fadiga. A expansão industrial, que alcançara 10% em 2010, caíra vertiginosamente em 2011, para um crescimento negativo de 2,1%. Apontavam-se diversos motivos para o péssimo desempenho industrial: a valorização do real, a elevada carga tributária e uma infraestrutura defasada, pesada e ineficiente.

A razão principal, porém, era a falta de uma política governamental para o setor — o que fazia com que a indústria perdesse espaço, tanto no quantum das exportações como no mercado interno.

O endividamento das famílias alcançara níveis preocupantes. A estratégia de estimular o consumo pela expansão do crédito já não obtinha os mesmos resultados. O governo ampliou seus gastos de custeio da economia, mas a taxa de investimento continuava muito baixa, sensivelmente inferior à de outros países emergentes.

Mantendo as ações da Polícia Federal como instrumento de propaganda, no já início do ano divulgou-se um novo balanço das operações. Os desvios apurados pela PF, em 2011, chegaram a R$ 3,2 bilhões.

O total de servidores públicos presos também aumentara: de 124 em 2010 para 225 em 2011. O governo sinalizava que combatia a corrupção — o que sempre conta com a simpatia popular —, mas, a todo momento, apresentava sua outra faceta: desvios e mais desvios de recursos públicos.

Em janeiro, Fernando Bezerra Coelho, ministro da Integração Nacional, foi acusado de distribuir recursos públicos privilegiando parentes. O maior volume de liberação de emendas da pasta, em 2011, fora curiosamente destinado a seu filho, o deputado Fernando Coelho (PSB-PE): R$ 9,1 milhões. Dirigiram-se para obras que deveriam ser realizadas pela Codevasf (Companhia de Desenvolvimento dos Vales do S. Francisco e do Parnaíba), presidida por Clementino Coelho, seu tio.

Para o hospital de seu tio-avô, destinou R$ 400 mil. Como tudo era em família, os recursos públicos seriam gastos em Petrolina, base política da família Coelho.[66]

A presidente continuava com a popularidade lá nas alturas. Segundo o Datafolha, 59% dos entrevistados avaliavam sua gestão como ótima ou boa. Índice considerado excelente. Crescera dez pontos em seis meses.

O mais curioso é que tal se dera sem que ocorresse qualquer melhora econômica. Os escândalos de corrupção continuaram, e a gestão do setor social permanecia ruim. Como explicar? A

---

[66]Fernando Coelho foi candidato a prefeito de Petrolina em 2012. Acabou derrotado.

eficiente propaganda governamental, o desinteresse popular pela política e a inexistência de uma eficaz ação oposicionista.

O panorama era tão favorável que Dilma, em 2011, obteve resultado superior ao de seu criador, que, no primeiro ano do segundo mandato, alcançara avaliação positiva de 50%.

Nem bem iniciou o mês de fevereiro e caiu mais um ministro: Mário Negromonte, responsável pela pasta das Cidades, acusado de irregularidades. Era — não percamos a conta — o sétimo defenestrado em pouco mais de um ano, este acusado de favorecer aliados com verbas públicas. O ministro devia sua designação à "cota" do PP.

Como nas vezes anteriores, entretanto, a presidente conseguiria transformar um caso de corrupção, havido no seio de seu governo, em ação de resposta ética, republicana. Novamente, a lua de mel com a imprensa, sua popularidade e a ampla maioria governista no Congresso Nacional impediriam que o caso alcançasse maiores proporções e lhe trouxesse algum desgaste.

Um mês depois, o problema seria com o PMDB. Não foi caso de demissão de algum ministro. O partido reclamava do espaço que o PT tinha no governo e exigia ampliar sua presença ministerial. Criticava também a entrega de ministérios para pequenas siglas, que ainda iniciavam possíveis acordos eleitorais com o PT visando às eleições municipais de outubro.

Com o aval do vice-presidente Michel Temer, deputados peemedebistas elaboraram um manifesto contra a "hegemonia" do PT. O documento dizia que a relação entre os dois partidos era "desigual e injusta"; e que o PT estaria se preparando para acabar com o "protagonismo municipalista do PMDB".

O estopim da crise foi a nomeação do senador Marcelo Crivella (PRB-RJ) como ministro da Pesca. Ele admitiria não ter conhecimentos técnicos sobre o setor pesqueiro: "Eu não sei pôr uma minhoca no anzol." O senador era bispo licenciado da Igreja Universal e fora designado como parte da estratégia petista de obter o apoio do PRB na eleição à prefeitura de São Paulo

A economia dava claros sinais de que não bastava a adoção de soluções miraculosas para a retomada do crescimento. Em março, o Banco Central cortaria a taxa Selic para 9,75% — a quinta queda consecutiva desde agosto de 2011.

A dependência da economia brasileira ao setor primário se aprofundara A indústria, em 2011, tinha regredido 2,1%. Também em março, a presidente, tentando responder aos maus resultados, chamou ao Planalto duas dúzias de grandes empresários e banqueiros.

O governo estabelecera como prioridade crescer 4%. Mas a elite empresarial não acreditava nessa hipótese. Para eles, a tributação continuava muito alta e os problemas de infraestrutura amarravam o crescimento. Dias depois, foi divulgado o índice do PIB em janeiro. E a realidade se impôs: recuo de 0,13%.

A resposta governamental foi ampliar a desoneração fiscal, que atingiu 3% de todo o setor industrial. A abusiva e desproposital renúncia atingiria o valor de R$ 489 milhões.

O escândalo envolvendo o "empresário de jogos" Carlinhos Cachoeira explodiria ainda em março. Seus tentáculos alcançaram o Senado — seria sócio em alguns empreendimentos do senador Demóstenes Torres (DEM-GO), até então considerado um paladino na luta contra a corrupção — e se estendiam perigosamente a vários executivos estaduais, ao governo da União e até ao poder Judiciário.

Escutas telefônicas da Polícia Federal indicavam que a construtora Delta — desconhecida do grande público — pagava propinas ao governador petista Agnelo Queiroz para obter contratos de obras no Distrito Federal. O mediador das operações era o grupo liderado por Cachoeira.

A Delta tinha relações pouco republicanas, especialmente, com os governos do Rio de Janeiro (PMDB) e de Goiás (PSDB). Era a construtora com o maior número de contratos do PAC.

Lula passaria então a se articular, com sucesso, pela criação de uma CPI. Não tinha qualquer propósito moralizador. Longe disso. Queria desviar todo o foco para o governador Marconi Perillo (GO), poupando os seus, e incriminá-lo. Ademais, não se esquecia de que Perillo o alertara sobre o mensalão e depois denunciara a existência do esquema.

O ex-presidente pretendia usar a CPI como instrumento contra a oposição. Desejava reassumir a bandeira da ética, chamuscada desde 2005. Mas não seria tarefa fácil. Dos 32 integrantes da comissão, dezessete tinham pendências com a Justiça, como Fernando Collor, Romero Jucá e Cássio Cunha Lima.

A bagunça em sua articulação política, ao que se somava uma base heterogênea, sem princípios e fisiológica, imporia ao governo uma dura derrota na votação do Código Florestal, apesar de ter maioria, mais de três quartos, na Câmara.

O projeto fora aprovado, por 274 a 184 votos, mas alterado em relação à vontade do Planalto, em especial nos artigos que, segundo alguns, reduziam a proteção aos ecossistemas aquáticos.

O projeto se arrastava na Câmara desde 2009. O resultado demonstrou que a base estava rachada. O líder do PMDB, o deputado Henrique Alves (RN), observou que, dos 78 deputados da bancada, 76 votaram contra o Planalto: "O governo é ambientalista, mas também é ruralista, é pecuarista."

Apesar do barulho representado pelo Código Florestal, para o PT o que interessava mesmo era a CPI do contraventor Carlinhos Cachoeira. Denúncias publicadas na imprensa apimentaram o caso. O governo resolveu, através de suas lideranças parlamentares, obter algum tipo de acordo com a oposição, limitando as investigações.

O dono da construtora Delta, Fernando Cavendish, amigo do governador do Rio de Janeiro, Sérgio Cabral, não fora chamado a depor. Pedidos de quebra de sigilo fiscal e telefônico do empresário também seriam vetados.

No fim, todos "se salvaram", menos o erário. Os três mosqueteiros às avessas, Perillo, Queiroz e Cabral, depois de inúmeras manobras políticas, conseguiram sobreviver à tormenta — o relatório final da CPI foi aprovado em dezembro com apenas duas páginas.

Se no Congresso era relativamente fácil manobrar, na economia a situação se mostrava bem diversa. Mantega insistia no mantra de que esperava um crescimento entre 3,5% e 4%. A despeito da queda de juros e de pacotes oficiais de estímulo, a economia se mantinha próxima da estagnação desde a metade de 2011.

De janeiro a março de 2012, o PIB crescera apenas 0,2%, abaixo das estimativas mais pessimistas do mercado. O resultado punha em risco a meta de superar os modestos 2,7% do primeiro ano de Dilma na presidência.

Não haveria alarme, porém, porque a taxa de desemprego continuava baixa, preservando o nível de consumo das famílias e atenuando o desgaste político. Mas, entre as grandes economias, a performance brasileira era a pior fora da Europa.

Havia um conjunto de fatores a limitar o ingresso de investimentos no país: a lucratividade era consumida pelos custos, altos demais; a retomada do crescimento no começo de 2012 não se concretizara; a situação econômica mundial continuava preocupando as empresas e dificultando novos investimentos; a indústria perdia a concorrência interna com a entrada de produtos importados e com a baixa competitividade dos produtos brasileiros no exterior.

De acordo com Armando Castelar, da FGV, o modelo de estimular o consumo de bens duráveis esgotara-se. As famílias estavam endividadas. A inadimplência, alta. Após o salto de 7,5% em 2010, "voltamos ao padrão do voo de galinha".

Irresponsavelmente, o governo passara a usar e abusar do BNDES. O banco virou uma espécie de benfeitor do grande capital, à expensas, claro, do interesse público. Somente em três anos, esta política custara ao contribuinte R$ 28 bilhões. Desde a crise de 2008, o governo repassou ao banco R$ 282 bilhões, tomados a juros mais altos no mercado.

Explicando melhor: em dezembro de 2011, o Tesouro pagou, em média, 12,83% por títulos emitidos para financiar o BNDES; e este devolvia o empréstimo ao próprio Tesouro com taxa de apenas 6%. Os custos da operação, segundo o governo, seriam compensados pelo reaquecimento da economia, geração de empregos e consequente aumento de arrecadação.

Foram transferidos bilhões de reais do Estado para os grandes grupos privados nacionais em "empréstimos" com juros de pai para filho — e de filho predileto.

Se era um consenso nacional que a deficiente infraestrutura representava um gargalo para o crescimento econômico, as ações governamentais no setor reforçavam os problemas em vez de solucioná-los.

Era o caso da ferrovia Norte-Sul. Há 25 anos, uma concorrência de cartas marcadas tornara a obra um ícone da corrupção no governo Sarney. Décadas depois, em 2004, foi reabilitada por Lula, um de seus maiores críticos no passado, claro.

Uma investigação da PF mostrou que pouca coisa mudara. Laudos apontavam indícios de conluio entre construtoras, cobrança de propinas e um sobrepreço de R$ 100 milhões somente em um trecho.

Suspeito de enriquecimento ilícito, José Francisco das Neves, o Juquinha, presidente da Valec, a estatal responsável pela ferrovia, chegaria a passar alguns dias na cadeia, até ser solto por ordem judicial.

As empresas envolvidas — construtoras Queiroz Galvão, Andrade Gutierrez e Camargo Corrêa — negaram as irregularidades. Como tantas denúncias na década petista, esta também cairia no esquecimento, não sem a promessa de que tudo seria rigorosamente apurado.

O fantasma do mensalão voltaria a ameaçar o PT. O ministro Gilmar Mendes, do STF, denunciou, em maio, que fora convidado para uma reunião no escritório do ex-presidente do Supremo, Nélson Jobim, onde estava presente Lula, que teria insinuado que era melhor adiar o julgamento para depois das eleições, e que, em troca, blindaria o ministro de uma possível ligação com Cachoeira e o senador Demóstenes Torres.

Gilmar Mendes rejeitou de imediato a tentativa de coação. E mais: denunciou publicamente o fato. Lula desmentiu. Nélson Jobim, nem isso. E o fato, gravíssimo, único na história da República, logo seria olvidado.

A 18 de junho, Lula protagonizou mais um triste episódio: juntamente com seu candidato à prefeitura de São Paulo, Fernando Haddad, ex-ministro da Educação, foi à casa do deputado Paulo Maluf — impossibilitado de sair do Brasil devido a uma ordem de prisão da Interpol.

A visita pretendia colher o apoio de Maluf à chapa petista para a prefeitura. Ficaria célebre a foto dos três, nos jardins da casa do deputado. Obtiveram o apoio. Em troca, Maluf pôde indicar um correligionário para um alto cargo no Ministério das Cidades: "Não tem mais no mundo esquerda e direita. O que tem hoje é *éfficacité*."

O senador Demóstenes Torres acabaria cassado, em 11 de julho. Foi o segundo a perder o mandato, por quebra de decoro, em 188 anos de história do Senado. O primeiro fora Luiz Estevão, em 2000.

O resultado, obtido em votação secreta, assinalava provavelmente o fim de sua carreira política: 56 votos contra dezenove (houve cinco abstenções). Na sessão que selaria seu destino, nenhum colega usou a palavra para defendê-lo. O senador ficou inelegível até 2027.

Ainda no final de junho, depois de várias solicitações do presidente do STF, Ayres Britto, Ricardo Lewandowski finalmente aceitou concluir seu relatório e liberar os autos do processo do mensalão.[67]

Como revisor, o ministro tinha a tarefa de verificar se todas as formalidades legais haviam sido devidamente cumpridas, de acordo com o regimento do tribunal. Fora então marcada a data para o início do julgamento: 2 de agosto, no reinício dos trabalhos do Judiciário.[68]

Às vésperas do início do julgamento, o procurador-geral da República, Roberto Gurgel, enviou memorial aos ministros do STF: "Foi, sem dúvida, o mais atrevido e escandaloso esquema de corrupção e de desvio de dinheiro público flagrado no Brasil." Segundo o procurador, diante do "substancioso conjunto de provas", não poderia haver dúvida quanto à procedência da acusação: "O Ministério Público tem convicção de que a atuação do Supremo servirá de exemplo para toda sociedade, a fim de que os atos de corrupção sejam tratados com o rigor necessário."

Sete anos após a denúncia do ex-deputado Roberto Jefferson, o mensalão, finalmente, começaria a ser julgado. Aguardava-se, porém, que o ministro Dias Toffoli se declarasse impedido de participar da análise do processo. Fora advogado do PT e assessor de José Dirceu na Casa Civil durante quase três anos, além de ter defendido Lula em três campanhas presidenciais.

Em 2002, para piorar, teve contas pagas pelo ex-tesoureiro do partido e réu no processo, Delúbio Soares. Em 2006, repetiu, em

---

[67]Para um acompanhamento do julgamento, ver VILLA, Marco Antonio. *Mensalão*. O julgamento do maior caso de corrupção da história política brasileira. São Paulo: LeYa, 2012.
[68]A CUT, braço político do PT, após a marcação da data para o início do julgamento, ameaçou sair às ruas em defesa dos mensaleiros. Argumentou que as conquistas dos trabalhadores estariam em perigo. Ficou somente na ameaça.

representações encaminhadas ao TSE, que o esquema "jamais" fora comprovado.

Sua namorada, Roberta Rangel, foi advogada do também réu Professor Luizinho, ex-deputado do PT; e seu irmão, José Ticiano Dias Toffoli, também petista, era prefeito de Marília. Mesmo assim, não se declarou impedido. E tampouco o procurador-geral solicitou tal impedimento — no que fez muito mal para o julgamento daquela ação penal.

Na sustentação oral, que se estendeu por cinco horas, o procurador-geral da República definiu o mensalão como um esquema de corrupção que funcionava "entre quatro paredes" de um palácio presidencial. Considerou "risível" o argumento de que tudo não passava de um delírio: "Jamais um delírio foi tão solidamente [...] documentado e provado." Gurgel pediu aos ministros do Supremo que a corte estabelecesse um "paradigma histórico".

José Dirceu, cujo envolvimento no caso mereceria menção de 25 minutos, foi apontado como mentor da quadrilha. O procurador tentou ainda rebater a alegada ausência de provas documentais invocando a teoria jurídica do "domínio do fato": "O autor intelectual, quase sempre, não fala ao telefone, não envia mensagens eletrônicas, não assina documentos, não movimenta dinheiro por suas contas, agindo por intermédio de 'laranjas'."

Em meio à novela do mensalão, o governo tentava — tentava, mas não conseguia — fazer a economia andar. Usava um conjunto de artifícios acreditando, ingenuamente, que o voluntarismo faria com que os entraves ao crescimento fossem desatados. Ledo engano.

Na metade de agosto, a presidente anunciou um fabuloso pacote de concessões de infraestrutura com o objetivo de, em cinco anos, duplicar a extensão de rodovias e ferrovias. Em números, o projeto consistia em acrescentar 5.700km à malha rodoviária e construir 10.000km de ferrovias, ao custo de R$ 80 bilhões.

Pura fantasia. Não havia capital suficiente no Brasil para estes investimentos. E, externamente, o mundo vivia um momento de relativa escassez de crédito. Novamente, tirou-se da manga a carta BNDES.

Se o papel de faxineira da corrupção virara piada definitiva, a imagem de eficaz gestora tomava caminho parecido e já não enganava como antes — e muito menos ao grande capital.

Apesar da série de medidas de estímulo adotadas pelo governo, a economia brasileira teria fraca reação: crescera apenas 0,4% no segundo trimestre. Na avaliação sempre otimista (e delirante) do ministro Mantega, passáramos "a pior fase"; existia uma retomada em curso: "A economia está em aceleração gradual."

Os dados divulgados, contudo, demonstravam justamente o inverso: o país vivia o mais longo ciclo de baixo crescimento desde o Plano Real.

Em baixa mesmo, porém, estava a moralidade pública — e como! A 21 de agosto, ao votar pela condenação de quatro réus do mensalão, o relator Joaquim Barbosa corroboraria a tese da acusação, de que houve desvio de dinheiro público para abastecer o esquema, ou seja, peculato.

O ministro considerou culpados por corrupção, peculato e lavagem de dinheiro o ex-diretor do BB Henrique Pizzolato, Marcos Valério e dois sócios. Em foco, a transferência ilegal de R$ 73 milhões do Banco do Brasil para o Fundo Visanet.

A tese de caixa-dois estava sendo derrotada. O mensalão não fora simplesmente — o que já era grave — um esquema de financiamento eleitoral com recursos não contabilizados. Comprovava-se, em juízo, que se tratara de desvio de dinheiro público com o objetivo de instrumentalizar financeiramente — para fins políticos — o PT e suas principais lideranças.

Como era esperado, o ministro Ricardo Lewandowski[69] absolveu o deputado federal João Paulo Cunha, abrindo a primeira divergência no julgamento. O petista, candidato a prefeito de Osasco, havia sido condenado por Joaquim Barbosa, pela acusação de beneficiar a agência de publicidade de Marcos Valério num contrato de R$ 10 milhões.

Em troca, segundo o voto de Barbosa, a mulher de Cunha sacou R$ 50 mil numa agência bancária. Lewandowski, no entanto, aceitara a tese da defesa, segundo a qual a quantia se destinava a pagar pesquisas de campanha encomendadas pelo PT. A sessão terminou em atrito: Barbosa disse que rebateria as dúvidas e divergências do colega. O revisor pediu então a garantia de tréplica e ameaçou deixar o plenário caso não pudesse falar — o que não cumpriria.

A condenação dos primeiros réus — no total, seriam 25 — começou a 28 de setembro. Foram condenados Henrique Pizzolato, Marcos Valério e mais dois ex-sócios do empresário. Em contrapartida, Luiz Gushiken fora absolvido. Três dias depois, João Paulo Cunha sofreria tripla condenação no STF e desistiria da candidatura em Osasco.

---

[69] O ministro começou sua carreira política como secretário do prefeito Eron Galante (PMDB), de São Bernardo do Campo. Através do quinto constitucional, chegou ao Tribunal de Alçada Criminal por escolha do governador Orestes Quércia. Depois de passar pelo Tribunal de Justiça de São Paulo, em 2006 foi indicado por Lula ao STF. Durante os oito anos da sua presidência, Lula indicou oito ministros para aquela Corte.

Os ministros do Supremo entenderam que Cunha era culpado de corrupção passiva, peculato e lavagem de dinheiro. "[O processo] não deixa dúvidas de que as posições funcionais de João Paulo Cunha e Henrique Pizzolato foram decisivamente utilizadas para beneficiar as empresas de Marcos Valério", decretou o presidente da Corte, Ayres Britto.

O Supremo reconhecia a fraude e a simulação em empréstimos fantasmas concedidos pelo Banco Rural aos réus do mensalão. Em 2003, o banco repassara, em valores da época, R$ 29 milhões a Marcos Valério e R$ 3 milhões ao comando do PT.

Os ministros apontaram que os empréstimos foram renovados sucessivas vezes sem pagamento e sem garantias, em desacordo com as normas bancárias. Tratava-se, portanto, de uma cortina de fumaça, que usava um fundo privado para encobrir o desvio de recursos públicos para o esquema. Foram condenados a ex-presidente do Banco Rural, Kátia Rabello, e o ex-vice-presidente, José Roberto Salgado, por gestão fraudulenta de instituição financeira.

Joaquim Barbosa confirmou o ponto central da tese acusatória da Procuradoria-Geral da República. Segundo ele, entre 2003 e 2005, parlamentares e partidos receberam dinheiro para apoiar Lula no Congresso Nacional. O relator citou as reformas previdenciária e tributária como os principais exemplos de votações compradas.

Barbosa também desmontou o argumento da defesa, segundo o qual o mensalão teria sido "mero" caixa-dois eleitoral: "A ajuda de campanha também configura vantagem indevida a parlamentares, por influenciar a prática de atos de ofício no interesse dos corruptores."

Pouco depois seria condenado o ex-deputado Roberto Jefferson, protagonista da denúncia que originou, em 2005, o escândalo do mensalão. Além dele, foram condenados Valdemar da Costa Neto, Pedro Correa, José Borba, Romeu Queiroz e Carlos Rodrigues.

Em sua primeira manifestação explícita sobre o julgamento, Lula, o réu oculto do mensalão, como sempre, tergiversou. À militância do partido, disse: "Não tem que ficar com vergonha. No nosso governo, as pessoas são julgadas e apuradas. No deles, se escondiam."
    A fala do ex-presidente era um sinal... O Supremo começaria a julgar José Dirceu.
    Os ministros Rosa Weber e Luiz Fux seguiram o voto do relator, Joaquim Barbosa, e condenaram o réu por crime de corrupção ativa. Já Ricardo Lewandowski votaria pela sua absolvição, alegando que as acusações contra Dirceu não passavam de "ilações" e "conjecturas". Em seu voto, o ministro Marco Aurélio Mello estranhou: "Não tem mandante?" Tudo teria sido uma articulação do ex-tesoureiro Delúbio Soares? Lewandowski apenas repetiria o mantra: "Não tenho provas para condenar José Dirceu."

As eleições municipais ocorreram sem que o tema do mensalão tivesse alguma influência. Também pudera: em dezenas de sessões públicas do julgamento, em nenhum momento compareceu ao tribunal um parlamentar oposicionista. Nem as tribunas do Congresso foram utilizadas como instrumento para repercutir o que se passava no STF.
    Assim, o resultado não seria muito diferente do da eleição anterior, em 2008. Excluindo cinquenta cidades, que teriam ainda segundo turno, o PMDB elegeu o maior número de prefeitos, 1.021. Mas, comparado a 2008, houve uma queda de 15% no total de municípios.

Já o PT, como era esperado, em decorrência do uso escancarado da máquina governamental, cresceu 14%, conquistando 632 prefeituras. Em número total de votos, ultrapassou o PMDB, tornando-se o partido mais votado: 17,3 milhões — um aumento de 4% em relação a 2008.

Porém, nas capitais, o partido perdeu espaço: em 2008, obteve seis vitórias; em 2012, apenas quatro. O crescimento mais expressivo ficara com o PSB, com avanço de 51% no total de votos e de 41% no número de vitórias. O recém-fundado PSD, de Gilberto Kassab, conquistou 493 prefeituras, 219 a mais que o DEM.

Nos maiores colégios eleitorais, o PT perdeu em Belo Horizonte, Recife, Manaus, Fortaleza, Cuiabá, Campinas, Salvador e Porto Alegre. Mas teve importante vitória em São Paulo, derrotando um velho adversário, José Serra, no segundo turno.

No dia 10 de outubro, José Dirceu foi condenado por corrupção ativa. Também foram considerados culpados Delúbio Soares, José Genoíno e Marcos Valério. A maioria da Corte seguiu o voto do relator Joaquim Barbosa, para quem Dirceu teve, no esquema, "posição central, posição de organização e liderança [...] como mandante das promessas de pagamento de vantagens indevidas a parlamentares que viessem apoiar votações de seu interesse".

A ministra Cármen Lúcia, muito oportunamente, consideraria a admissão do "ilícito" de caixa-dois, diante da Corte, um fato "inusitado e inédito": "Acho estranho e muito, muito grave que alguém diga com toda tranquilidade 'ora, houve caixa-dois'. Caixa-dois é crime. Caixa-dois é uma agressão à sociedade brasileira... Fica parecendo que isso pode ser praticado e confessado e tudo bem."

Irritado com o resultado, Lula incitou a militância a declarar "guerra" contra os adversários: "Se formos chamados de mensaleiros, não podemos deixar sem resposta. Vamos debater de cabeça erguida."

Treze dias depois, Dirceu seria condenado — por seis votos a quatro (assim como outros nove réus) — pelo crime de formação de quadrilha. Celso de Mello, o decano da Corte, declararia a propósito: "Em mais de 44 anos de atuação na área jurídica, nunca presenciei um caso em que o delito de formação de quadrilha se apresentasse tão nitidamente caracterizado."
Para a maioria do STF, o grupo criminoso era formado por três núcleos: político, publicitário e financeiro. Coube ao primeiro — composto por Dirceu, Genoíno e Delúbio — idealizar o esquema. Já os núcleos publicitários (liderado por Marcos Valério) e financeiro (sob Kátia Rabello, dona do Banco Rural) eram responsáveis por viabilizar o mensalão por meio de desvios públicos, elaboração de empréstimos fictícios e distribuição de recursos a parlamentares corrompidos.
A condenação dos "marginais do poder", na feliz definição do ministro Celso de Mello, transformou a sessão em marco histórico.
A 13 de novembro, em outro notável momento, o STF fixou as penas para os principais operadores do mensalão. Somadas, as condenações de Dirceu, Genoíno e Delúbio chegavam a 26 anos de detenção. Mais importante que a condenação, porém, era o estabelecimento de um marco histórico em termos de funcionamento das instituições democráticas.

Em meio às condenações do mensalão fora deflagrada mais uma operação da Polícia Federal, a Porto Seguro, que apreenderia inúmeros documentos e arquivos eletrônicos no escritório da

Presidência em São Paulo, na avenida Paulista. Foram indiciadas dezoito pessoas, oito das quais funcionários públicos.

A figura mais proeminente do grupo era a chefe de gabinete Rosemary Novoa de Noronha, conhecida como Rose. Nomeada por Lula, a funcionária era sua conhecida desde os anos 1990, considerada sua "amiga íntima".

De acordo com a denúncia, ela teria usado desta proximidade para traficar influência e cometer atos de corrupção e de falsidade ideológica. Rose teria exigido vantagens financeiras a empresários, inclusive o pagamento de cirurgia plástica, e teria favorecido um esquema de corrupção plantado dentro do governo.

Também estariam envolvidos os irmãos Paulo e Rubens Vieira, indicados pela "amiga íntima" do presidente a cargos estratégicos: o primeiro era diretor da ANA (Agência Nacional de Águas); o segundo, da Anac (Agência Nacional de Aviação Civil). Logo seriam apelidados como os "bebês de Rosemary".

A indicação de Paulo Vieira chegara a ser rejeitada pelo plenário do Senado. Tempos depois, porém, graças a uma manobra do senador José Sarney, teria o nome aprovado

A operação foi desencadeada pela denúncia do auditor da TCU, Cyonil da Cunha Borges de Faria Jr., que teria recebido propina no valor de R$ 100 mil. Arrependido, o funcionário contou à PF que o dinheiro lhe fora dado, entre 2009 e 2010, por Paulo Vieira, à época ouvidor da Antaq (Agência Nacional de Transportes Aquaviários) e conselheiro fiscal da Codesp (Cia. Docas do Estado de São Paulo). Em troca, Cyonil deveria fazer um relatório favorecendo a Tecondi, empresa de contêineres que opera em Santos.

Outro indiciado na operação Porto Seguro, José Weber Holanda, foi afastado do cargo de advogado-geral adjunto da União.

O ex-funcionário era suspeito de ajudar o ex-senador Gilberto Miranda a aprovar projeto portuário de R$ 2 bilhões na ilha de Bagres, em Santos. Em outra ilha que pertence à União, a das Cabras, vizinha a Ilhabela, também Miranda teria obtido pareceres irregulares da AGU para construir uma mansão e um heliporto, ocupando indevidamente terrenos públicos.

A ação policial serviria para expor os velhos métodos petistas — em plena atividade — de tomada do aparelho de Estado, transformando-o em instrumento partidário. O julgamento dos mensaleiros e o processo do mensalão, que se estendera por cinco anos, não serviu como alerta.

O hábito de saquear o Estado estava de tal forma incrustado no petismo lulista que os petistas passaram a usá-lo também para abrigar toda a família. A "amiga íntima" de Lula aproveitara para empregar sua filha numa das agências chefiadas por Paulo Vieira. Este teria conseguido um diploma falso — bacharelado em administração — para o ex-marido de Rose, José Cláudio Noronha. O objetivo era favorecer seu ingresso no conselho da Brasilprev, importante seguradora controlada pelo Banco do Brasil.

Governando desta forma, numa conjuntura econômica complexa e com o esgotamento do modelo econômico, não causaria surpresa mais uma prévia decepcionante do PIB, longe do que fora prognosticado em janeiro.

A taxa de crescimento na primeira metade do governo Dilma era estimada em 1,9% ao ano. A debilidade do PIB semeara a descrença em relação ao potencial econômico do país. A multiplicação do crédito e a escalada do consumo familiar, motores da economia nacional nos anos Lula, tinham chegado ao limite. Além disso, a queda dos juros não foi capaz de elevar os investimentos, contribuindo para uma retração no setor financeiro.

No início de dezembro, a Polícia Federal encerrou em tempo recorde a fase de investigações da operação Porto Seguro. Policiais que não quiseram se identificar declarariam haver provas suficientes para caracterizar os crimes dos investigados.

Lula e Rosemary Noronha desapareceram e nada falaram sobre o escândalo. Os acusados foram logo soltos e tudo indicava que o caso cairia no esquecimento.

A 17 de dezembro, o STF encerrou o julgamento do mensalão, o mais longo da história: 138 dias e 53 sessões. A Corte concluiu os trabalhos com o voto que tornava automática a perda de mandato dos parlamentares condenados no processo.

A decisão atingiu os deputados federais João Paulo Cunha (PT-SP), Valdemar Costa Neto (PR-SP) e Pedro Henry (PP-MT), que, segundo deliberação do STF, deveriam ser afastados do Congresso ao fim da apreciação de todos os recursos — o que só ocorreria em data impossível de ser prevista, dada a morosidade da Justiça brasileira.

O presidente da Câmara, Marco Maia (PT-RS), representante do baixo clero petista, classificou a decisão como uma "ingerência" e o clima entre os dois poderes ficou ainda mais azedo.

Se a condenação dos mensaleiros era uma derrota para o governo, não seria na economia que encontraria consolo. A fraca expansão do PIB, apelidado de "pibinho", de apenas 0,9%, e a desvalorização do real provocaram o maior recuo na renda per capita dos brasileiros em uma década.

A agricultura e indústria tiveram crescimento negativo. O PIB seria salvo pelo setor de serviços: 1,7%. O desemprego se manteve baixo (5,5%) e a inflação teve um discreto aumento (6,38%). Assim como em dezembro de 2011, o governo estimava que a situação econômica melhoraria em 2012. O céu de brigadeiro econômico fora transferido para o futuro, 2013.

Com este desempenho medíocre, Dilma se igualava aos dois piores governos da República em termos de crescimento econômico: o de Floriano Peixoto, que enfrentara duas guerras civis, e o de Fernando Collor.

A oscilação nas taxas de crescimento do PIB revelaram uma ausência de política econômica consistente. Tudo era feito para obter resultado imediato, sempre com algum fim político. Não havia projeto. Lembrava o governo João Figueiredo que, em 1980, crescera 9,2%, mas que, no ano seguinte, enfrentaria recessão (-4,3%); que, em 1982, ficara próximo a zero (0,8%), no entanto para mergulhar em nova recessão (-2,9%) em 1983. O ideólogo econômico de Figueiredo fora o ministro Delfim Netto, que também exercia grande influência sobre Lula e Dilma, apesar de ter servido fielmente a três governos militares, dois deles, os de Costa e Silva e Médici, em plena vigência do AI-5 — que ele, por sinal, assinou, em 1968.

Era o estilo Dilma: ao não cumprir o que prometera, em vez de fazer algum tipo de autocrítica, agia justamente no sentido inverso. Dourava o futuro e transformava a gestão do país numa aventura fadada ao fracasso.

Considerações finais: a década perdida

A eleição de Luiz Inácio Lula da Silva, em 2002, foi recebida como um conto de fadas. O país estaria pagando uma dívida social. E o recebedor era um operário. Operário que tinha somente uma década de trabalho fabril, pois, aos 27 anos de idade, dera adeus, para sempre, à fábrica. Virou um burocrata sindical. Mesmo assim, durante trinta anos, de 1972 a 2002, entre a entrada na diretoria do Sindicato dos Metalúrgicos de São Bernardo do Campo e a eleição presidencial, usou e abusou do figurino do operário, trabalhador, sofrido. E pior: encontrou respaldo e legitimação por parte da intelectualidade tupiniquim, sempre com um sentimento de culpa não resolvido.

Como é sabido, o Partido dos Trabalhadores nasceu em 1980. Contudo, muito antes da sua fundação, foi precedido de um amplo processo de crítica das diversas correntes de esquerda, avaliação realizada na universidade e no calor dos debates políticos. A ação partidária, os sindicatos e as estratégias políticas adotadas durante o populismo (1945-1964) foram duramente atacados.

Sem que houvesse um contraponto eficaz, fez-se tábula rasa do passado. A história da esquerda brasileira estaria começando com a fundação do PT. O ocorrido antes de 1980 não teria passado de uma pré-história eivada de conciliações com a burguesia e marcada pelo descompromisso em relação ao destino histórico da classe trabalhadora. O processo de desconstrução do passado permaneceu durante vinte anos, até o final do século XX.

As pesquisas universitárias continuaram dando o sustentáculo "científico" de que o PT era um marco na história política brasileira, o primeiro partido de trabalhadores. O estilo stalinista de fazer história se estendeu para o movimento operário. Tudo teria começado no ABC. Mas não só: a história do sindicalismo "independente" teve um momento de partida, a eleição de Luiz Inácio Lula da Silva para a presidência do Sindicato dos Metalúrgicos de São Bernardo do Campo, em 1975. (Em sua posse, estaria presente o governador Paulo Egydio, imposto pela ditadura, fato único naquela época.) Toda história anterior, desde os anarquistas, fora somente uma preparação para o surgimento do maior líder operário da história do Brasil.

A repetição sistemática de que em São Bernardo fora gestada uma ruptura acabou ganhando foro de verdade científica, indiscutível. Lula tinha de negar e desqualificar a história para surgir como uma espécie de "esperado", o "ungido". Não podia, por si só, realizar esta tarefa. Para isso, contou com o apoio entusiástico dos intelectuais, ironicamente, ele que sempre desdenhou do conhecimento, da leitura e da reflexão. E muitos desses intelectuais que construíram o mito acabariam rompendo com o PT depois de 2003, quando a criatura adquiriu vida própria e se revoltou contra os criadores.

Mas não bastaria apagar o passado. Foi necessário eliminar as lideranças que surgiram, tanto no sindicato quanto no PT. E Lula foi um mestre. Os que não se submeteram, aceitando um papel subalterno, acabariam não tendo mais espaço político. Este processo se desenvolveu sem que os embates e as rupturas desgastassem a figura de líder incontesto do partido. Ao dissidente era reservado o opróbrio eterno.

A permanência na liderança, sem contestação, não se deu por um choque de ideias. Pelo contrário. Lula sempre desprezou o debate político. Sabia que, neste terreno, seria derrotado. Optou sempre pela despolitização. Como nada tinha escrito, a divergência não podia percorrer o caminho tradicional da luta política, o enfrentamento de textos e ideias, seguindo a clássica tradição dos partidos de esquerda desde o final do século XIX. Desta forma, ele transformou a discordância em uma questão pessoal. E, como sua figura era intocável, tudo acabava sem ter começado.

A vontade pessoal, fortalecida pelo culto da personalidade, transformou-se em obsessão. O processo se agravaria ainda mais após a vitória de 2002. Afinal, não só o Brasil, mas o mundo se curvava frente ao presidente operário. Seus defeitos foram ainda mais tornados qualidades. Qualquer crítica virou um crime de lesa-majestade. O desejo de eliminar as vozes discordantes acabaria como política de Estado. Quem não louvava o presidente era considerado um inimigo.

Os conservadores brasileiros — conservadores não no sentido político, mas como defensores da manutenção de privilégios antirrepublicanos — logo entenderam o funcionamento da personalidade do presidente. Começaram a louvar suas realizações, suas palavras, seus mínimos gestos. Enfim, o que o presidente falava ou agia passara a ser considerado algo genial. Não é preciso dizer que Lula transformou os antigos "picaretas" do Congresso em aliados incondicionais. Afinal, eles reconheciam publicamente seus feitos, suas qualidades. E mereceram benesses como nunca tiveram em outros governos.

Depois da posse, logo a fantasia cedeu lugar à realidade. A mediocridade da gestão era visível. Como a proposta de governo — chamar de projeto seria um exagero — era inexequível, resolveu-se manter a economia no mesmo rumo, o que seria reforçado no momento da alta internacional no preço das commodities.

Quando veio a crise internacional, no final de 2008, sem capacidade gerencial e criatividade econômica, abriu-se o baú da história, à procura de soluções do século XX para questões do século XXI. O velho Estado reapareceu e distribuiu prebendas aos seus favoritos, a sempre voraz burguesia de rapina, tão brasileira como a jabuticaba. Evidentemente que só poderia dar errado. Errado se pensarmos no futuro do país. Quando se esgotou o ciclo de crescimento mundial, como em tantas outras vezes nos últimos três séculos, o governo ficou, como está até hoje, desesperado em busca de algum caminho.

Os bancos e as empresas estatais foram usados como instrumentos de política partidária para o que o ministro Celso de Mello, do Supremo Tribunal Federal, chamaria de "projeto criminoso de poder", quando do julgamento do mensalão. Os cargos de direção foram loteados entre as diferentes tendências do Partido dos Trabalhadores e o restante foi entregue à saciedade dos partidos da base aliada no Congresso Nacional. O PT transformou o patrimônio nacional, construído durante décadas, em moeda para obter recursos partidários e pessoais, como ficaria demonstrado em vários escândalos durante a década.

O PT era considerado uma novidade na política brasileira. A "novidade" daria vida nova às oligarquias. É muito difícil encontrar, nos últimos cinquenta anos, um período tão longo em que os velhos oligarcas tiveram tanto poder como o de agora. Usaram e abusaram dos recursos públicos e transformaram seus estados em domínios familiares perpétuos. O Bolsa Família caiu como uma luva, soldando o novo tipo de coronelismo petista. Se as 14 milhões de famílias do programa identificam em Lula a razão do recebimento do benefício, sabem que, para serem cadastradas e mantidas no Bolsa Família, dependem do chefe local. E os governichos criminosos, recordando antiga expressão da República Velha, permanecem dominando milhões de pré-cidadãos.

O partido aparelhou o Estado. Não só pelos seus 23 mil cargos de nomeação direta. Fez mais. Transformou as empresas e bancos estatais, e seus poderosos fundos de pensão, em instrumentos para o PT e toda sua ampla clientela. Estabeleceu uma rede de controle e privilégios nunca vista na nossa história. Em um país invertebrado, o partido desmantelou o que havia de organizado através da cooptação estatal. Foram distribuídos milhões de reais para sindicatos, associações, ONGs, intelectuais, jornalistas chapa-branca, criando assim uma rede de proteção aos desmandos do governo: são os tonton-macoute do lulopetismo, os que estão sempre prontos para a ação.

A política externa amarrou o destino do Brasil a um terceiro-mundismo absolutamente fora de época Nos fóruns internacionais, o país se transformou em aliado preferencial das ditaduras e adversário contumaz dos Estados Unidos. Abandonamos o estabelecimento de acordos bilaterais para fomentar o comércio. Enquanto o eixo dinâmico do capitalismo foi se transferindo para a região Ásia-Pacífico, o Brasil aprofundou ainda mais sua relação com o Mercosul. Em vez de buscar novas parcerias, optamos por transformar os governos bolivarianos em aliados incondicionais.

Entre os artistas, a dependência estatal foi se ampliando. Uma simples peça de teatro, um filme, um show musical, nada mais é realizado sem que tenha a participação do Estado, direta ou indiretamente. Ter boas relações com o lulismo virou condição indispensável para a obtenção de "apoio cultural". Nunca na história republicana artistas foram tão dependentes do governo — nem no Estado Novo. E cumprem servilmente o dever de obediência ao governo, sem qualquer questionamento.

O movimento sindical foi apresado pelo governo. Os novos pelegos controlam com mão de ferro "seus" sindicatos. Recebem repasses milionários sem ter de prestar contas a nenhum organismo independente. Não vai causar estranheza se o Congresso — nesta escalada de reconhecer novas profissões — instituir a de sindicalista. A maioria dos dirigentes passou rapidamente pela fábrica ou escritório e está há décadas "servindo" os trabalhadores. Ser sindicalista virou um instrumento de ascensão social. E caminho para alçar altos voos na política.

Não será tarefa fácil retirar o PT do poder. Foi criado um sólido bloco de sustentação que — enquanto a economia permitir — satisfaz o topo e a base da pirâmide. Na base, com os programas assistenciais que petrificam a miséria, mas garantem apoio político e algum tipo de satisfação econômica aos que vivem na pobreza absoluta. No topo, atendendo ao grande capital com uma política de cofres abertos, em que tudo pode, bastando ser amigo do rei.

A incapacidade da oposição de cumprir seu papel facilitou em muito o domínio petista. Deu até um grau de eficiência política que o PT nunca teve. O ano de 2005 foi o ponto de inflexão, quando a oposição, em meio ao escândalo do mensalão, e com a popularidade de Lula atingindo seu nível mais baixo, omitiu-se, temendo perturbar a "paz social". Seu principal líder disse que Lula já estava derrotado e que bastaria mantê-lo nas cordas até o ano seguinte, para vencê-lo facilmente nas urnas. Como de hábito, a análise estava absolutamente equivocada. E a tragédia que vivemos é, em grande parte, devida àquele grave erro.

O PT aprofundou o processo de desmoralização da política. Lula foi o principal artífice em desqualificar as graves acusações de corrupção que pesaram sobre seu governo ou de seus aliados. Chancelou, com sua pretensa autoridade moral, diversos crimes contra o erário. Colaborou para afastar da política os cidadãos sinceramente interessados no bem público, especialmente os mais jovens.

A década petista terminou. E nada melhor para ilustrar o fracasso do que o crescimento do Produto Interno Bruto (PIB), de 0,9%, em 2012. Foi uma década perdida — para o país. Perdemos um momento único na história recente do capitalismo. A bonança chinesa, a mudança do eixo dinâmico capitalista da economia atlântica para a região Ásia-Pacífico, a alta das commodities, a ascensão dos países emergentes, a eficiência de padrão internacional de vários setores da economia nacional — tudo conspirou a favor, para que déssemos um grande salto e enfrentássemos desafios em outro patamar. Mas o PT não tinha projeto para o país. Nunca se interessou em planejar o médio e longo prazo. O que possuía era um mero projeto de poder, de tomar o Estado e transformá-lo numa correia de transmissão para seus interesses partidários. E conseguiu.

Bibliografia

BETTO, Frei. *Calendário do poder*. Rio de Janeiro: Rocco, 2007.
BONFIM, João Bosco Bezerra. *Palavra de Presidente*. Discursos de posse de Deodoro a Lula. Brasília: LGE, 2004.
CABRAL, Otávio. *Dirceu*: a biografia. Rio de Janeiro: Record, 2013.
CAMAROTTI, Gérson; PEÑA, Bernardo de la. *Os bastidores da crise e da corrupção no governo Lula*. São Paulo: Geração, 2005.
GIAMBIAGI, Fábio et al. *Economia brasileira contemporânea*: 1945-2010. Rio de Janeiro: Elsevier, 2011.
HIPPOLITO, Lúcia. *Por dentro do governo Lula*. São Paulo: Futura, 2005.
JEFFERSON, Roberto. *Nervos de aço*. Rio de Janeiro: Topbooks, 2007.
KAMEL, Ali. *Dicionário Lula*. Um presidente exposto por suas próprias palavras. Rio de Janeiro: Nova Fronteira, 2009.
KOTSCHO, Ricardo. *Do golpe ao Planalto*: uma vida de repórter. São Paulo: Companhia das Letras, 2006.
NAPOLEÃO, Thomaz Mayer Alexandre. *Visitas internacionais do Presidente Lula e visitas ao Brasil de Chefes de Estado e de Chefes de Governo*. Brasília: Ministério das Relações Exteriores, 2011.
NOSSA, Leonencio; SCOLESE, Eduardo. *Viagens com o presidente*: dois repórteres no encalço de Lula do Planalto ao exterior. Rio de Janeiro: Record, 2006.
NUNES, Augusto. *A esperança estilhaçada*. Crônica da crise que abalou o PT e o governo Lula. São Paulo: Planeta, 2005.

PALOCCI, Antonio. *Sobre formigas e cigarras*. Rio de Janeiro: Objetiva, 2007.
PARANÁ, Denise. *A história de Lula:* o filho do Brasil. Rio de Janeiro: Objetiva, 2009.
PATARRA, Ivo. *O chefe*. São Paulo: Edição do autor, 2010.
SARAIVA Guerreiro, Ramiro. *Lembranças de um empregado do Itamaraty*. São Paulo: Siciliano, 1992.
SECCO, Lincoln. *História do PT, 1978-2010*. São Paulo: Ateliê, 2011.
VILLA, Marco Antonio. *Mensalão*. O julgamento do maior caso de corrupção da história política brasileira. São Paulo: LeYa, 2012.

Sites:

www.abcdeluta.org.br
www.epoca.com.br
www.estadao.com.br
www.oglobo.com.br
www.uol.com.br
www.veja.com.br

Blogs:

Augusto Nunes: http://blogdoaugustonunes.blogspot.com.br
Fernando Rodrigues: http://fernandorodrigues.blogosfera.uol.com.br
Josias de Souza: http://josiasdesouza.blogosfera.uol.com.br
Reinaldo Azevedo: http://veja.abril.com.br/blog/reinaldo
Ricardo Noblat: http://oglobo.globo.com/pais/noblat

Este livro foi composto na tipologia
Minon Pro Regular, em corpo 12/16, e impresso
em papel off-white no Sistema Cameron da
Divisão Gráfica da Distribuidora Record.